JN005829

おひとりさまの
お金の話

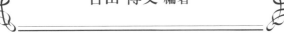

賢く生きる教科書

吉田 博文 編著

税務経理協会

はしがき

おひとりさまがますます増加しつつあります。おひとりさまは，何をするに
もすべて独自で意思決定をし，行動しなければなりません。その結果，損害を
被っても責任は自分一人で背負わなければなりません。さらに，資本主義を前
提とした経済社会では，おひとりさまは，経済的にも自立していなければなり
ません。すなわち，おひとりさまをあたかも株式会社のような経営単位とみな
して，その経営を合理的，効率的に運営していかねばならないのです。

企業や政府・地方公共団体のような大きな組織の経営につきましては多くの
解説書がありますが，家計という最小の経営単位に関しましては，経営学や会
計学の知識を応用した書物はありませんでした。この問題意識をもとに，平成
13年度から早稲田大学エクステンションセンター八丁堀校で「ホームマネジメ
ント」という講座を開設し，家庭の合理的かつ効率的経営につき提言をしまし
たところ，大反響をいただいた経緯があります。

本書は，当時の講師を執筆者としてお迎えし，「ホームマネジメント」講座
で受講生の皆様から頂いた反響も踏まえて，最も小さな経営単位である「おひ
とりさま経営」の戦略経営とリスクマネジメントについて提言する意図で執筆
されました。

本書は，おひとりさまのライフプランの教科書として活用していただくため
にいくつかの差別化を行いました。まず第一に，単なるハウツー書でなく，会
計学や経営学の理論を基礎としてこれをおひとりさま経営に応用するという差
別化を行いました。具体的には，経済力の確保とリスクマネジメントをおひと
りさま経営の二大目標として提言いたします。

「**成功は努力の代償である。**」(注)を読者の皆様にも念頭に置いていただきた
いのですが，本書では，この「努力」と「成功」の間の因果連鎖の解説を試み
ました。

(注)　恩師西澤脩先生が，人生のモットーとされ，学生にも一貫して主張され続けた教
　　　訓です。

企業社会では，会社や顧客に満足してもらえるから労働の対価を得られるのですがこの顧客満足を充足できる能力が，同僚や競争相手を凌駕していれば，戦略的に優位に立てます。すなわち，戦略優位を獲得する「努力」を行い，「成功」すなわち経済力の確保にいたる論理を解説しました。

　また，順風満帆な人生などありえません。天変地異をはじめ，種々のリスクが顕在化しますが，このリスクに対する予知，予防，対処策を予め講じておいて，万が一のリスクに備えて，損失を極力制御できるようにすべきです。リスクマネジメントは，代表的には保険ですが，本書ではリスクマネジメント手法を体系的に解説するとともに，この保険の他にも，経験則として語り伝えてこられた「財産三分法」（リスクの分散というリスク処理手段です。P.22参照）も尊重して，住環境の整備や金融資産の管理についても解説を試みています。

　次に，本書では，リスクマネジメントを，おひとりさま経営の付随的な手法として位置付けることなく，戦略経営の一環として位置付け，リスクを利益すなわち戦略優位の確立と結果としての経済力の確立に変換することまで視野に置いていただけるよう配慮いたしました。

　具体的には，本書のPARTⅡ〜Ⅴのうち，リスクマネジメントに関係ある部分は，リスクマネジメントを解説するPARTⅠ−4と関連付けるようにしています。このことによって，人類が考え抜いて考案し，現実の経営に活用している手法もリスクマネジメント手法であることを理解していただけるよう配慮しています。

　本書では，さらに差別化を行っています。図や表を用いて，視覚で理解を促進し，読者の資金管理の具体的利便性を高めるため，表形式で意思決定や業績評価ができるよう例題を掲載しておきました。また，これら，各図表が他の図表や他の解説部分と関連付けられるよう，クロスレファレンスを付しています。

　実際に，電卓やPCで計算してみてください。さらに，各図表を参考にしながら，ご自分の持っている資料，例えば給与明細等を用いて，ご自身の家計管理のワークシートを完成していただけることでしょう。

　また，現代は情報通信技術が高進していますので，本書では読者の皆様に文

明の利器も有効活用していただけるよう配慮いたしました。

本書の（株）税務経理協会のホームページ（http//www.zeikei.co.jp/news/n38511.html）から「早稲田おひとりさま経営研究所」にアクセスしていただければ，テンプレートをダウンロードできます。読者の皆様の意思決定と業績評価が可能となるようになっています。ぜひ有効活用してください。

本書で対象とする読者は，年間所得が，400万円くらいから500万円くらいのおひとりさまを想定しています。

ただ，本書は，現代のもう一つの大きな社会問題である非正規雇用労働者が単身でなくご夫婦であっても活用していただけるものと考えています。さらに，就職が決まった学生さんにも将来の人生設計の教科書として活用していただけます。

本書の活用方法ですが，代表的ないくつかの読者を想定して，提案しておきます。すべての読者にお願いしたいのは，PART I は，本書の基幹部分ですので精読してください。

比較的資金的余裕があり，いまだ賃貸住宅にお住いの方はPART II を併せて精読して，優良住宅を取得してください。そのうえで，PART III を活用して保険商品の選定と解約を行って，合理的保険商品の取捨選択を行ってください。そのあとは，PART IV に進み，金融商品の選定を行いながら，定期的に資産の棚卸すなわちPART V を活用してください。学生や就職されて日が浅く，資産の蓄積が不十分な方は，最低限のリスクマネジメントを行うためにPART III を読んだうえで，PART IV を読破し，資産の蓄積を開始してください。

資産の蓄積に際しましては，蓄積の原資が必要です。ここで，経営の基本原則を確認してください。収入－支出＞0でなければ，資産蓄積の原資は，生じません。多くの読者は，給与所得者のはずです。給与収入は，残業時間等によって変動しますが，おひとりさま本人の操作可能変数ではありません。これに対し，PART I で解説する管理可能固定費，管理不能固定費は，それぞれ操作手法は異なりますが，支出額の増減を操作することは可能です。

支出を考える際，自分の行動が自らの人生にとってプラスになる「付加価値

活動」か，何らプラス要因とならない「非付加価値活動」か熟慮して，「非付加価値活動」に対する支出を制限ないしは回避することによって，無駄な支出は制御可能です。また，資産の蓄積状況を把握するために，PART Ⅴを参考にしてバランスシートを作成してください。

　執筆担当はPART Ⅰ吉田，PART Ⅱ安達・大石，PART Ⅲ大石，PART Ⅳ青山，PART Ⅴ坂上です。本書の完成に至るまで，各PART相互間の論理的整合性，首尾一貫性を確保するため，事前に目次案を作成するとともに数次の編集会議を行いました。このため，文責は，各執筆者がそれぞれ担当部分に基本責任を負いますが，最終的には，執筆者全員が本書全体に共同責任を負うことになります。

　本書は，執筆者共通の恩師，西澤脩先生が生涯をかけて研究された管理会計の研究成果と我が国の学会で議論を尽くされパラダイム化された知識を基礎としていますが，さらにこれらの基礎知識が執筆者全員の職業会計人としての実務経験という蒸留工程を経て醸成された重層的，複合的，多元的知識を体系化したものとお考え下さい。読者の皆様には，強く賢く生きていただくための方法論ないし教科書としてご活用していただけるものと確信しております。

　筆者は，昭和63年に辻真研究基金からリスクマネジメント研究に対し学術奨励金を賜りました。本書のもう一つの柱であるリスクマネジメントの解説は，この研究成果を基礎としています。おひとりさまが賢くしかも堅実に無難に生きてゆくための指針を提供できたと思います。故辻真先生の崇高なご遺志に感謝いたします。

　最後に，本書の企画，編集にあたり，税務経理協会から会議場所の提供をいただきました。また，編集担当の加藤シニアエディターには，本書の差別化要因創出のためのご協力をいただきました。税務経理協会と加藤シニアエディターのご厚意に執筆者一同感謝いたします。

　令和２年12月

　　　　　　　　　　　　　　　　　　　　　　　　吉田　博文

目　　次

CONTENTS

はしがき

PART Ⅰ　おひとりさま経営を考える

PART Ⅱ　住環境を整備する

PART Ⅲ　リスクに備える

PART Ⅳ　金融資産をふやす

PART Ⅴ　バランスシートを活用する

PART I
おひとりさま経営を考える

PART I-1 おひとりさま経営の基礎知識

I-1-1 おひとりさまの環境分析

1 未婚率の上昇

2019年6月に内閣府から「少子化社会対策白書」が発表されました（**図表PART I-1-1参照**）。

図表PART I-1-1　生涯未婚率の推移と予測

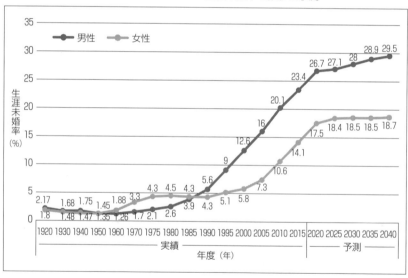

この表の「生涯未婚率」は，特定の時点において，今後一生涯結婚しない人の割合を示すとされています。この表で2020年以降は，推計値とされていますが，2015年の確定値で，男性23.4％，女性14.1％とされています。2020年以降はさらに生涯未婚率が上昇すると推計されています。

2 人口急減，超高齢化

内閣府は，人口急減，超高齢化社会が経済に及ぼす影響を公表しています。

3 情報処理技術の加速度的進歩

技術的特異点（シンギュラリティ）が到来するとされています。有史以来，少しずつ進歩してきた科学技術が，現代になって急加速し始め，爆発的な進歩の段階に突入するとされています。

4 国際化の進展

特に，言うまでもないことですが，ヒトやモノの移動が国境を越えて地理的に広がり，国際化はますます進展しています。

5 市場の拡大と同時化

市場も国内市場だけ考える時代でないことは，特定技能者制度の創設等で身近に感じ取れる時代になりました。労働市場では，東南アジアをはじめ多国籍の労働者を想定しなければならなくなり，同時に製品やサービスの販売先は国内市場には限定されていません。また，情報通信技術の高進によって，市場はますます同時化するでしょう。

6 未開拓領域の開拓

宇宙工場を建設したり，深海開発，火星への移住等これまで想定されなかった未開拓領域が開拓されつつあります。

I-1-2 おひとりさま経営の問題整理

おひとりさまは，「誰にも頼れない」ことを前提に人生設計を考えることです。

環境変化を前提にすれば，環境適応しながら，目標を達成する必要があります。その主要論点を，次の二つにまとめてみました。

1 経済力の安定的確保と強化

誰も頼れないのですから，経済的に自立できることを考えるべきです。

2 リスクマネジメント

本書の執筆中に，新型コロナウイルスパンデミックが報じられていますが，

おひとりさま個人では，対処不能なリスクが存在しています。これにどう備えるか？誰も頼れないことを前提にリスクマネジメントを考えてください。

I-1-3 おひとりさま経営の基本

経済力の確立と**リスクマネジメント**を二大目標と考え，これを実行するためのおひとりさま経営を次のように提案します。

1 基本戦略の策定

人生の目的を考える。

どんな人でも，自分が何のために生きるのか，どう生きていくべきかについて，理念は持っているはずです。また，具体的な数値目標も漠然としたものでも持つはずです。

人生の目的には，価値的，**理念的側面**と具体的，**数値的側面**があります。

本書では，編集目的に即して，人生の具体的，数値的側面に焦点を当て，解説します。経済力を確保するためには，他人（給与所得者の場合，勤務先）に価値を認めてもらい，雇用され，昇進させてもらわなければなりません。

経済力を確保できる能力は何かを考え，さらに人より優位に立てる条件（**戦略優位**）は何かを考えてみてください。

2 実行計画の樹立

戦略優位を確立し，具体的，数値目標を達成し，経済力を確保するためには，目標を達成するための具体的手段等を計画しておくべきです。より具体的には，**ヒト**（おひとりさま自身），**モノ**と**カネ**，**情報資源**（ないし知的資産）の計画を樹立して下さい。

3 リスクマネジメント

順風満帆の人生などありえません。必ず，困難に直面し，損害を被ることさえあります。おひとりさまは，誰も頼れないことを想定し，独自のリスクマネジメントをしなければなりません。

上記2で樹立した実行計画の実行過程に潜むリスクを予知し，予防し，対処

する計画，すなわち**リスクマネジメント**の計画も用意してください。

4　収入と支出項目の想定

実行計画の達成過程における期待される生涯収入と不可避的に支出される生涯支出を想定します。

5　計画の数値化—資金計画の作成

長期間にわたる資金計画を策定してください。

6　実績の測定—業績評価

業績評価といっても，いかなる業績を評価するかという業績の分類が必要です。業績の分類にはいろいろあると思いますが，本書に関連して分類すれば以下のようになるでしょう。

(1)　身分的分類

就職，就職後の地位，肩書，資格等収入獲得の源泉となる経済社会における身分的側面から業績を把握することです。

(2)　経済的分類

(ⅰ)　収入の分類と測定

収入は，次のように分類してください。

① 月次収入の分類と測定

② 年次収入の分類と測定

(ⅱ)　支出の分類と測定

これには，以下の二つが想定されます。

① 月次支出費の分類と測定

② 年次支出費の分類と測定

(ⅲ)　保有資産の分類と測定

7　差異分析と修正行動の立案，実行

計画と実績には差異が生じます。この差異がなぜ生じたか分析し，分析結果を参考にしながら自分の人生にプラスとなるような修正行動を立案し，実行して下さい。

本書の構成

　本書の構成は次の通りです。**図表PARTⅠ-1-2**を参照しながら，本書の全体像を理解したうえで，読み進めてください。

図表PARTⅠ-1-2　おひとりさま経営の基本

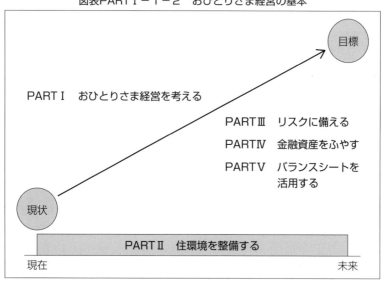

PARTⅠ　おひとりさま経営を考える

PARTⅡ　**住環境を整備する**

　　　　戦略優位確立のための基盤としての住環境の整備。

PARTⅢ　**リスクに備える**

　　　　代表的リスクマネジメントである保険の解説。

PARTⅣ　**金融資産をふやす**

　　　　戦略遂行とリスクマネジメントとしての金融資産投資の解説。

PARTⅤ　**バランスシートを活用する**

　　　　業績評価手段としてのバランスシートの解説。

PART I-2 基本戦略の策定と実行 －上昇気流に乗り勝ち残る

　おひとりさまも最小の経営単位と考えれば，わが国で蓄積してきた経営に関する知識をおひとりさま経営の参考にすべきです。

　ここでは，おひとりさまが実り豊かな人生を送るための基礎知識を学習していただくことにします。

I-2-1 基本戦略の策定

　戦略の基本は，「どのマーケットでどう戦うか」であるとされています。

　これをおひとりさまの個人戦略として応用すると次のようになるでしょう。

1 職業の選定（どのマーケットで戦うか）

　給与所得者の場合，職業の選定です。

　この場合，就職を希望する会社の事業活動を行っている市場，技術や組織が果たしている機能を研究することです。

　事業所得者や法人経営者の場合は，企業戦略同様どの市場を標的市場とするかを決めることです。

2 能力開発（どう戦うか）

　どう戦うかは，競争の戦略とされています。競争戦略の本質は差別化とされています。

　差別化の要点は次のようになるでしょう。

(1) 顧客のニーズに対する差別化

　給与所得者の場合，雇用主が従業員に何を期待しているか，そのニーズを中心に同僚との差別化を行うことです。

　事業所得者や法人経営者の場合，次節で解説する**顧客分配価値**が高いと認知させることです。

⑵　戦略優位の確立

　　戦略優位とは，給与所得者の場合，同僚よりも平均以上の成果を長期にわたって獲得できる能力です。会社の経営にプラスとなる同僚以上の能力と考えれば，ご理解いただけるでしょう。事業所得者や法人経営者の場合，競争業者よりも平均以上の成果を長期にわたって獲得できる能力です。

　　この能力開発に関連して，具体例を見てみましょう。

- 　経理部門なら，日本商工会議所簿記検定の３級と１級。
- 　運送業者なら，普通免許と大型免許，大型特殊免許。
- 　英語力なら，TOEIC 700と850。

　　特に説明しなくても，顧客のニーズにこたえられるとともに戦略優位を確立するには何が求められるか，ご理解いただけると思います。

3　実行可能性の確保

　　戦略は実行できなければ何の意味もありません。このためには，おひとりさまが目標を達成可能な環境等の整備も含めて実行計画が用意されるべきです。

I-2-2 ｜ 顧客満足と契約の成立条件

　　この**顧客満足**は何によって充足されるのか，詳しく分析してみましょう。

　　顧客（給与所得者は，雇用主）は，基本的に財貨やサービスを購入します。顧客は，当該財貨やサービスが何らかの便益をもたらしてくれるからこそ，対価を支払うはずです。もっと，簡単に言えば，カネを払えば自分が得をするからです。これは，**顧客価値**と言われています。この顧客価値は，顧客が入手できる価値から顧客が放棄する価値を控除することによって計測されます。

　　この顧客価値は，日本会計研究学会によってさらに詳細に分析されています。

　　顧客にとって重要なのは，顧客が手に入れることができる**顧客分配価値**だとされています。買い手（雇用主や顧客）は，最高の顧客価値を提供すると知覚した企業や個人から購入するので，顧客分配価値は，次のように算出されます。

顧客分配価値＝顧客総価値－顧客総コスト

　顧客総価値と顧客総コストの構成要素は**図表PARTⅠ－2－1**のように示されます。

図表PARTⅠ－2－1　顧客分配価値

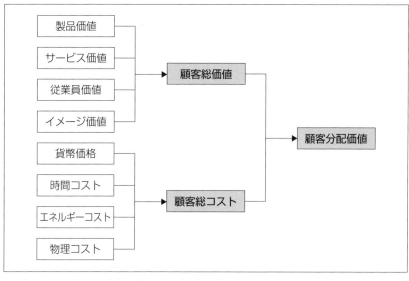

（出所：日本会計研究学会特別委員会〔1997〕p.8を一部改変）

　ここでは，事業所得者も想定していますので顧客総価値の構成要素に製品価値や従業員価値も含めています。

　このように考えれば，人生の上昇気流に乗り，勝ち残っていくためには，在職中の企業や顧客におひとりさま個々人の労働サービスを顧客分配価値が高いと認めさせることが肝要です。このためには，顧客分配価値が高いと認識させる努力が日々求められるということになります。

I-2-3 | 労働サービスの特質

　おひとりさまの労働サービスの特質を考えますと給与所得者であれ，事業所得者であれ，サービスの無形性が特徴です。

　以下，もう少し詳細に分析してみましょう。

1　無　形　性

　労働者としての用役（サービス）は，提供されるまで経営者や顧客の五感によってそのサービス内容が判断できません。事業所得者の場合も経営者としての労働サービスの内容も顧客は判断できません。

2　生産，販売，消費の同時性

　物的製品は，生産・在庫・流通・販売・消費といったそれぞれの経済行為に時間差があります。これに対し，労働サービスは在庫，流通活動を伴わず，生産・販売・消費が同時に行われます。

3　変化の多様性

　物的製品は販売される相手によって変化しません。これに対し，労働サービスは，作業の局面によってそれぞれ異質なものになります。

4　貯蔵不可能性

　労働サービスは貯蔵できません。これら特質の基本は**無形性**です。無形だから貯蔵できません。貯蔵できないから，生産・販売，消費が同時に起こります。

　このため，おひとりさまが給与所得者であれ事業所得者であれ，顧客満足度を充足するためには，経営者や顧客の要求に瞬間的に適合できるかどうかにかかってきます。

　また，サービスの無形性は，サービスの品質管理を困難にするとされています。労働サービスの品質は，上司や顧客が評価しにくくサービス品質の事後評価は，サービスの結果とその提供プロセスに依存するとされるからです。

　これらの特質を考えますと，おひとりさまが実り豊かな人生を送るためには，上司や顧客のニーズに自らの労働サービスを瞬間的に適合させる能力が要求さ

れます。この顧客のニーズに対応可能な瞬間的生産・販売を実行できる人格技量の自己研鑽が必要となっています。

I-2-4 実行計画の樹立と自己研鑽

　戦略目標達成過程におけるヒト，モノ，カネといった経営資源を具体的に活用する計画を樹立してください。計画立案に際しては，人脈とか信用といった「**見えざる資産**」ないしは「**情報的資源**」の活用も重要視してください。

　ここで，おひとりさま経営にとって重要なのは，基本的には，他人は頼れないから実行計画の実施過程で**自己研鑽**も求められるということです。企業経営でも，計画の実行過程で研究開発活動や継続的改善が断続的に求められます。ただし，企業経営の場合，適材は複数活用可能であるのに対し，おひとりさま経営の場合は代替的人材はあり得ないことに留意して下さい。

　実行計画の具体的内容につきましては，PART I−3を参照してください。

実行計画
－おひとりさまの人生設計

　実行計画は，数値計画ではありません。数値も示されますが，目標達成までにいたる経営資源すなわち**ヒト，モノ，カネ，情報**（ないしは知的資産）の計画です。

　以下，実行計画の具体的内容を概観しておきましょう。あくまで，例示です。なお，計画の期間は，死に至るまでの期間ですが，環境変化をすべて詳細に予測することは不可能ですので，通常は３年ないし５年を想定してください。すでに，解説しました業績評価は，月次，四半期，半期，年次で行われますので，計画との差異が生じた原因を分析して，実行計画の再策定をすればよいのです。

I－3－1 ヒト関連計画

1 自己研鑽計画

　経済社会で認められる能力，資格等の定義と獲得手段，期間等の定義です。

　例えば，英会話能力，IT技術，経理実務能力，大型車等の運転技術と免許等，それぞれの世界で求められる能力開発の目標設定と習得，取得には，英会話学校や，受験学校，教習所等能力開発支援機関の選定とこれら教育機関の授業料等の資金と目標達成までの時間予測です。

2 健康管理計画

　おひとりさまは，健康管理をしてくださる方はいません。仕事と自己研鑽に励むためには，健康であらねばなりません。

　「薬食同源」という言葉がありますが，毎日の食事と適度な運動等健康管理の計画を樹立すべきです。

3 リスク対策

　ヒト関連計画の実行過程で想定されるリスクと対策は以下の通りです。

(1) 病気対策

病気になると，病院等医療機関で通院，入院して治療を受けますが，医療費は高額です。病気は，自ら望んでなるものではありませんから，不測の事態に備えていかなる資金手当が準備されるべきか検討したうえで，社会保険以外の生命保険契約の選定と締結の計画です。

(2) 老後対策

引退しない人，死なない人は一人もいません。給与所得等固定収入がなくなり，年金収入のみとなった場合にどのようにして生活費等をまかなうか，その収入の道を考えておかなければなりません。

(3) 就業不能対策

病気，事故等で就業不能になった場合，医療費の支払い，就業不能による収入減に対処策が用意されていなければなりません。

(4) 再教育と転職対策

経済環境が激変する現代では，会社が永続すると考えるのは困難です。

また，100歳を生きる時代では，引退から働けなくなる日まで年金のみの収入に頼るのは困難とされつつあります。

この現状に鑑みれば，転職，再就職に備えて雇用されるための条件は何かと考え，知識等継続的に蓄積し，資格も要求されればその資格も取得しなければなりません。

すなわち，再教育や継続研修の機会を自ら創出するための意思決定が求められます。

I-3-2 モノ関連計画

1 住環境整備計画

住環境を整備することは，非常に重要です。

昔から「職住近接」という言葉があります。職場や能力開発のための教育研修機関への通勤，通学距離は時間といういわば「資源」の有効活用のために大

変重要です。自宅に帰ってからの時間に余裕ができるからです。

立地に関しましては，このほか，近隣の住人や公園等居住地の環境の選定も大切です。

すでに確認しましたように，環境は激変しつつあります。戦略優位を確立するためには，自宅での自己研鑽も求められます。それを可能にする空間も必要ですので，住宅の間取り等も住環境整備の意思決定に際し大変重要です。

これらは，特に説明しなくてもご理解いただけているはずです。

住環境整備のためには，購買か賃貸かの意思決定をしなければなりません。

我々は，最終的には賃貸より取得をお勧めする基本方針で本書を執筆していますが，そのためには，賃貸住宅で生活しながら持ち家取得のための資金計画が必要となります。

このほか，先ほどの立地の他に，マンションか一戸建てかといった居住用財産の種類や構造等の計画も求められるでしょう。

購買の場合，設備投資計画と増改築計画，補修計画も対象にしてください。

2　耐久消費財購入計画

生活や自己研鑽に必要な什器備品の調達計画です。

3　リスク対策

モノ関連計画の実行過程関連リスク対策は次の通りです。

(1)　天変地異等対策

地震，風水害，雷，竜巻等天変地異や交通事故等が発生した場合の物的資産の損傷，滅失等のリスクが顕在化しますが，その対処策と復旧策を考えておかねばなりません。

I-3-3　カネ関連計画

就職後，100歳までの間に中学校卒業の場合，85年，高等学校卒業の場合，82年，大学卒業の場合，78年，大学院博士課程修了の場合，73年の歳月があります。

この長期間，どのような支出が必要か予測しなければなりません。

実り豊かな人生を生き抜くためにいかなる収入の道を考え，資産をどう運用して支出に備えるかの長期資金計画が策定されなければなりません。

詳細は，PARTⅠ－9で具体的に解説しますが，ここでは要点のみを解説しておきます。

1　期　　間

理想は，一生ですが，激変する環境変化を想定しますと3年ないし5年を想定しておいてください。なお，毎年再策定するようにしてください。

2　定期的収入と臨時的収入の想定

定期的収入は，容易に想定できますが，臨時的収入は，意外と見落とされたり気づかない項目もありますので，本書をよく研究していただくことをお勧めします。

3　リスク対策

カネ関連計画の実行過程関連リスクとその対策は，次の通りです。

(1)　価格変動対策

貨幣価値や株価は変動します。このリスク対策を用意してください。

(2)　詐欺・盗難対策

よく新聞・テレビ等で報道されていますので，自分には関係ないと思わないで予防策を考えてください。

Ⅰ-3-4 情報（ないし知的資産）関連計画

1980年頃から，「情報資源」，「見えざる資産」，「知的資産」という表現で，非可視的資産ないしは資源が競争力の源泉であることが叫ばれるようになりました。

企業や大学のブランドイメージ，特殊な販売ルート，特許，独特のノウハウ等がこの**情報資源**ないしは**知的資産**とされています。

おひとりさまに焦点を絞り，この問題を考えてみましょう。

出身校，資格，免許，近隣や会社での評判，交友関係，信仰等いずれをとっても可視的な資源ないしは資産ではありませんが，生活していく際に，意外と有利なことがあると気づかれると思います。

1　必要な情報資源の識別と創出・蓄積計画

　おひとりさま経営の二大論点は，経済力の安定的確保と強化及びそのリスクマネジメントでした。

　この目的達成のために必要なおひとりさま個人の情報資源ないしは知的資産は何かを定義し，これらを創出し，蓄積する計画を策定する必要があります。

2　リスク対策

情報資源関連リスクとその対策は次の通りです。

① 　信用失墜

② 　流通チャネル，ネットワークの崩壊による取引コストの増大

③ 　ノウハウの盗用

④ 　特許権，商標権等の侵害

　おひとりさまにとって，最も慎重に対策を考えていただきたいのが，**信用失墜防止策**です。

PART I-4 リスクマネジメント
－人生（実行計画の実行過程）のリスクに備える

リスクマネジメントは保険と同義語と誤解されている方もいますが，誤解を解くためにあえて，一節設けてリスクマネジメントについて解説しておきます。最も重要な基礎的知識ですので，苦痛でも，よく読み込んで理解してください。

リスクマネジメントの基本ステップは，リスクの予知，リスクの予防，リスクの対処とされています。以下，各ステップについて，解説します。

I-4-1 リスクの予知

リスクの予知とは，想定されたリスクの発生を予知することです。

予知活動は，損失の発生源の認識，損失の頻度の測定，損失の大きさの推定の３つからなるとされています。すなわち，リスクの予知活動は，リスクを認識し測定することです。また，リスクの予知に関しては，その構成要素と決定要因を理解しておく必要があります。

1 リスクの認識と測定

(1) 認　　識

損失の発生源と発生に影響を及ぼす要因と影響を受ける対象を明らかにします。

(2) 測　　定

損失機会の発生頻度の測定と損失の大きさの測定をします。

この認識，測定の方法としては，リスクチャート，チェックリスト，フローチャート，財務諸表等があります。本書では，資金計画表とバランスシートで例示しました。

2 リスクの構成要素

リスクは，次の３つの構成要素からなるとされています。

(1)　**損失の規模**

　機会損失も含めて考えてください。

(2)　**損失の機会（発生可能性）**

　損失が確実に見込まれる場合は，リスクではありません。

(3)　**損失の原因への直面**

　当事者が損失の規模と機会を増減させうる行動を採択可能であるから，損失にさらされるのです。

3　リスクの決定要因

(1)　**コントロール手段の欠如**

　リスクを予防し対処できるすべてのコントロール手段を保有している場合にはリスクはありません。通常，リスクをすべて制御できるコントロール手段はありません。

(2)　**情報の欠如**

　ある事象の生起する情報を完全に入手できれば，最善の代替案を選択でき，リスクはなくなります。

(3)　**時間の欠如**

　時間が無制限にあれば，不確実な事象が解決されるまで待ち，最善の代替案を選択できるから，この場合もリスクはなくなります。リスクマネジメントの実施に際し，上述のリスクの構成要素と決定要因の関係を理解しておくことが重要です。**図表PARTⅠ－4－1**でこの関係を理解してください。

図表PART Ⅰ－4－1　リスクの構成要素と決定要因の関係

リスクの決定要因	リスクの構成要素		
	損 失 規 模	損 失 機 会	損失への直面
コントロール手段の欠如	損失規模に影響力を行使できない。	損失機会に影響力を行使できない。	損失の対象に影響力を行使できない。
情報の欠如	損失規模を予測できない。	損失機会を知り得ない。	損失にさらされていることを知らない。
時間の欠如	損失規模を理解し，あるいは減少させる時間が不十分である。	損失機会を理解し，あるいは減少させる時間が不十分である。	損失にさらされていることを理解し，減少させる時間が不十分である。

（出所：MacCrimmon and Wehrung〔1998〕p.19, Table 1.1.）

4　リスク行動

　リスク状況に直面した時にいかなるリスク行動が採択されるべきかについては，図表PART Ⅰ－4－2に整理しました。

図表PART Ⅰ－4－2　リスク状況とリスク行動

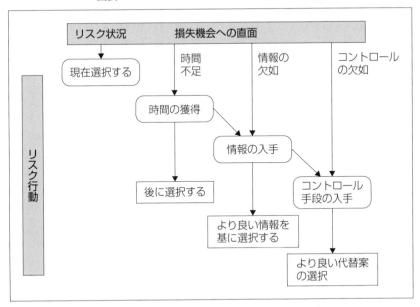

（出所：MacCrimmon and Wehrung〔1998〕p.17, Figure 1, 2.）

Ⅰ-4-2 リスクの予防と処理手段

　リスクの予防をするために，リスクのコントロール手段ないしは処理手段が用意されなければなりません。以下，リスクの処理手段について解説します。大変重要ですので，しっかり読み込んでください。

1　回　　避（PARTⅢ参照）

　予想される危険を遮断するため，その危険にかかわる活動自体を行わないことです。

2　除　　去（PARTⅢ参照）

　以下の防止，分散，結合，制限が含まれます。

(1)　防　　止

　防止には予防と軽減という二つの手段があります。

(ⅰ)　予　　防

　リスクの発生頻度を減少させるために各種の手段を講じることです。

(ⅱ)　軽　　減

　リスクが発生してしまった場合に，損害の規模を減少させる手段を講じることです。

　なお，この処理手段は，以下Ⅰ-4-3の対処策に分類されます。

(2)　分　　散

　危険の単位を増大（すなわち分散）することです。

　例えば，株式の投資銘柄を増やすことです。

(3)　結　　合

　異なる組織や人物が同一のリスクに対して何らかの協定を結んでその危険を除去することです。

(4)　制　　限

　定型的な契約書書式等を事前に作成しておき，個々の取引においてこれを使用することによってリスク負担の境界を確定しておくことです。

3 保　　有

保有には，積極的保有と消極的保有の二つがあります。

(1) 積極的保有

リスクを十分確認したうえでこれを保有することです。

この積極的保有には，次の二つがあります。

(i) 準　　備

あらかじめ何らかの対策を立てたうえで保有することです。

準備金の設定が代表的ですが，おひとりさま個人の場合は，貯金でしょう。

(ii) 負　　担

何も対策を講じずに保有することです。

(2) 消極的保有

リスクに対する無知から結果的に保有したことになることです。

4 転　　嫁

リスクを第三者に転嫁することです。典型的には保険です。ただ，ここで注意していただきたいことは，すべてのリスクを保険によって転嫁できないことです。

I-4-3 リスクの対処

リスクが顕在化すると，軽減策（上記2(1)(ii)）を実行します。

I-4-4 リスクマネジメントの手法

これまでの解説を体系的に理解していただくために，リスクの予防から対処までリスクの処理手段の優先順位を整理しておきましょう（**図表PART I-4-3**参照）。

⑴ リスクをできるだけ回避し除去する。

⑵ 回避または除去できないリスクはできるだけ第三者に転嫁する。

⑶ 転嫁できないリスクは保有する。

⑷ リスクが実現したら軽減する。

図表PARTⅠ－4－3　リスク・マネジメントの意思決定フロー

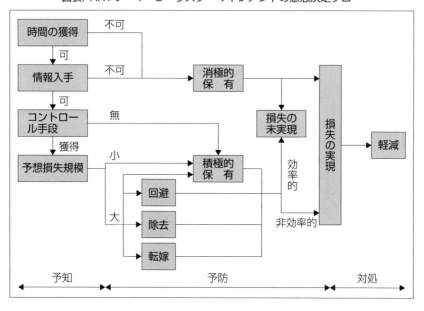

PART I-5 収入の分類

I-5-1 収入の分類

　収入について，本書では金銭他資産が増加することを収入と考えることとします。資産の増加は，労働等によってもたらされますが，増加のタイミングは頻度によって

(1) 回帰的，循環的収入

(2) 非回帰的，非循環的収入

に分けられます。前者は，典型的には給与所得である。後者は，贈与等である。これらについて，以下，詳しく説明します。

I-5-2 固定収入（回帰的，循環的収入）

1　給 与 所 得

　給与所得は，次のような計算構造を考えてください。

(1)　月　　　給

　　支 給 総 額　　基本給＋超過勤務手当＋各種手当＋通勤費

　　控 除 額　　健康保険料＋厚生年金保険料＋介護保険料＋雇用保険料
　　　　　　　　　　＋所得税＋住民税

(2)　賞　　　与

　　　　　　　　総支給額－所得税

2　事 業 所 得

　事業所得は，青色申告を申請していることを前提に計算構造を明らかにしますと次のようになります。

① 所得金額＝収入－必要経費－青色申告特別控除額

② 課税所得＝所得金額－所得控除

③ 実質所得＝課税所得－（所得税－税額控除）－住民税

3　不動産所得

計算構造は，事業所得と同じです。

4　利子配当所得

① 利 子 所 得

② 配 当 所 得

配当等の収入－負債の利子

5　雑 所 得

雑所得は，上記，給与所得，事業所得等以外の所得をいいます。次の(1)から
(3)までの合計額です。各雑所得の計算式をご理解ください。

とくに，副業解禁の現在では，(2)の雑所得は読者の皆様にも発生することも
ありますので，注意してください。本書の**図表PART Ⅰ－5－1**の事例でも
想定しておきました。

(1) 公的年金等

厚生年金保険加入者を前提としますと，**年金**には，基礎年金，厚生年金保険，
企業年金，個人年金等があります。

収入金額－公的年金等控除額＝公的年金等の雑所得

この算式の公的年金等控除額は，受給者の年齢，年金の収入金額に応じて定
められています。

(2) 業務に係るもの

業務に係るものとは，副業に係る収入のうち営利を目的とした継続的なもの
をいいます。ネットオークションやビットコイン取引を継続的に行った場合，
発生します。

総収入金額－必要経費＝その他の雑所得

(3) (1)，(2)以外のもの

総収入金額－必要経費＝その他の雑所得

図表PART I－5－1　固定収入、可処分所得の計算

(計画日：2021年1月1日)（単位：円）

	科　目	給与所得	事業所得	雑　所　得	合計所得	加　算	減　算	可処分所得	備　考
1	収　入	5,000,000	1,200,000	300,000					
2	費　用	1,440,000	300,000			1,440,000			
3	青色申告控除		650,000			650,000			
4	所　得（1－2－3）	3,560,000	250,000	300,000	4,110,000				PART I－5－2，1～7へ転記
5	社会保険料控除				693,720				
6	小規模企業共済等掛金控除				144,000				
7	生命保険料控除				120,000		180,000		支出額¥300,000と想定
8	地震保険料				50,000		50,000		支出額¥100,000と想定
9	基礎控除				480,000	480,000			令和2年（2020）分から¥480,000
10	医療費控除				0				変動するため、固定収入の計算対象外と仮定
11	寄付金控除				0				変動するため、固定収入の計算対象外と仮定
12	所得控除合計（5～11）				1,487,720				PART I－5－2，8へ転記
13	課税所得（4－12）				2,622,280				PART I－5－2，9へ転記
14	所　得　税				164,700				PART I－5－2，10へ転記
15	住　民　税				262,200				
16	税引後所得（13－14－15）				2,195,380	2,570,000	230,000	4,535,380	
					*1	*2	*3	*4	

*1　PART I－5－2，11へ転記
*2　PART I－5－2，12へ転記
*3　PART I－5－2，13へ転記
*4　PART I－5－2可処分所得へ転記

6 可処分所得の計算

固定収入を計算するためには，リスクマネジメントのための最低限の保険料等を支払った後，生活費や住宅購入等の資金がいくらか。すなわち，**可処分所得**（支出可能金額ないしは支払能力）を計算していただく必要があります。

給与所得者が，副業として何らかの事業を営み，さらに原稿料等の印税があったと仮定して，可処分所得の算出過程を**図表PART I－5－1**にまとめてみました。ここでは，医療費と寄付金は所得税等の計算過程で想定しておく必要があるため項目としては記載していますが，健康状態や慈善活動の意欲は，想定不能なことと同一人物でも年によって変動しますので，標準的支出は0と仮定しておきます。

I－5－3 ■ 臨時収入（非回帰的，非循環的収入）

1 贈　　与

親その他からの贈与によって収入は増えます。この収入は，一般的には臨時収入ですが連年で贈与を受ければ固定収入となります。

2 相　　続

一般的には，親の死亡で相続が行われますが，この相続は毎年行われるものではありません。

家族構成によっては，親以外からも相続が起きることがありますが，この場合も連年で生起することはまずありませんので，臨時収入となります。

3 退　職　金

退職金は，退職時支給されますので，一生の間に転職しなければ一回だけ支給されます。転職等して複数回退職金を支給されることがありましても毎年生起することはありませんので臨時収入となります。

退職所得の金額は，原則として，次のように計算します。

（収入金額（源泉徴収される前の金額）－退職所得控除額）×1／2
＝退職所得の金額

手取金額は，この退職所得の金額に「退職所得の源泉徴収税額の速算表」に従って算出税額を控除して計算されます。

4 賞金，報奨金

賞金や報奨金も臨時収入です。所得税法上は，一般的には**雑所得**とされます。給与所得，譲渡所得，一時所得に分類される場合もありますが，通常は雑所得と考えておいてよいでしょう。この所得は，一般的に源泉所得税を控除して支給されますが，所得税や住民税は，給与所得等その他の所得と合算して計算されます。

I-5-4 その他

1 借入金

借入金によっても現金収入は増えます。この収入は，臨時的な収入です。

2 保有資産売却

有価証券の売却，不動産の売却によっても**譲渡所得**が発生します。

有価証券の売却収入は，売買を繰り返している場合は，定期的に収入があることになりますが，通常このようなケースはあまり見られませんので，臨時的収入と位置付けておいてよいでしょう。

3 定期預金，個人年金，保険金解約等

定期預金，個人年金，保険金等を解約した時にも臨時収入が入ります。

I-5-5 総収入の予測

長期の資金計画を樹立するためには，固定収入と臨時収入の予測をする必要があります。

その長期収入計画のひな型を**図表PART I-5-2**のように考えてみました。

この表の I-1〜7と**図表PART I-5-1**は相互にレファレンスを付してありますので，この作表通り読者の皆様の収入予測をしてみてください。

図表PARTⅠ-5-2　総収入の予測

(単位：円)

収　　　　入	PARTⅠ-5-1	金　　額	To.
Ⅰ　固定収入			
1　給 与 所 得	4行目から転記	3,560,000	PARTⅠ-10-2へ
2　事 業 所 得	4行目から転記	250,000	
3　不 動 産 所 得			
4　利 子 所 得			
5　配 当 所 得			
6　雑 　所 　得	4行目から転記	300,000	
7　合 計 所 得(1～6)	4行目から転記	4,110,000	
8　所 得 控 除	12行目から転記	1,487,720	
9　課 税 所 得(7-8)	13行目から転記	2,622,280	
10　所得税・住民税	14,15行目から転記	426,900	
11　税引後所得(9-10)	16行目から転記	2,195,380	
12　税額算出上控除額加算	16行目から転記	2,570,000	
13　控除対象外支出減算	16行目から転記	230,000	
可処分所得合計(11＋12-13)	16行目から転記	4,535,380	
Ⅱ　臨 時 収 入			
1　贈与，相続			
2　退 　職 　金			
3　報 　奨 　金			
4　借 　入 　金			
5　資 産 売 却			
6　保 険 金 等 解 約			
7　所得税・住民税			
8　税額算出上控除額加算			
9　控除対象外支出減算			
可処分所得合計			
Ⅲ　総収入（Ⅰ＋Ⅱ）		4,535,380	

図表PARTⅠ-5-1から転記

PART I - 6　支出の分類

I - 6 - 1　支出の分類

　支出を様々な視点で分類することが可能ですが，月次，年次等一定期間回帰的，循環的，定期的に支出される**固定支出**と，非回帰的，非循環的，非定期的に支出される**臨時支出**があります。

　ここでは，定期的固定支出をさらに収入や消費量に比例して支出が増加するか否かの基準で変動費と固定費に支出の分類を行います。ここに**変動費**とは，収入や消費量の増減に比例して支出が増減する支出をいいます。

　固定費とは，収入や消費量が増減しても支出が増減しない支出を言います。

　この固定費は，さらに一定期間，例えば一ヶ月とか一年内の予算で管理できる**管理可能固定費**といったん意思決定してしまうと支出を制御できなくなる**管理不能固定費**に分類されます。

　家計の場合，商業における売上高と仕入原価ないしは売上原価，工業における売上高と製造原価ないしは売上原価，運送業における運送収入と燃料費のような売上高ないしは収入が増加すると費用も増加する変動費はあまりないと思います。ただし，消費量の増減に比例する支出はあります（I－6－2の1**変動費**参照）。

　支出の分類を視覚で理解していただくために**図表PART I－6－1**を用意しました。なお，この図表では，おひとりさまの家計には，変動費はないと想定しています。

　以下，個別に分類された支出の解説をします。

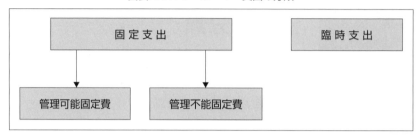

図表PARTⅠ－6－1　支出の分類

固定支出

臨時支出

管理可能固定費

管理不能固定費

Ⅰ-6-2 固定支出

1　変動費（変動支出）

　家計の場合，収入に比例する支出はほとんどありません。

　ただ，念のために，家計の支出項目のうち消費量の増減に比例する支出があることだけは認識しておくべきでしょう。なお，以下列挙する支出は，消費量と支出金額に比例関係がありますが，収入と比例関係がみられる変動費ではありませんので，次の管理可能固定費に含めて管理すべきでしょう。

(1)　食　料　費

　自炊の場合と外食の場合で金額は異なりますが，一ヶ月の自炊と外食の回数を想定して見積もってください。

(2)　被　服　費

　春夏秋冬で，支出額は変動しますので，季節ごとに支出額を見積もるべきです。クリーニング代も見積もってください。

(3)　水道光熱費

　電気代，ガス代，水道代ですが，この費目別に過去の使用量と金額を記録してみてください。あまり気づかないで，普通預金口座やカードで引き落とされていますが，支出金額の把握と予測は大切です。

(4)　娯　楽　費

　趣味の全くない人はいないはずです。その金額を予測してください。

⑸　旅費交通費

通勤手当は，勤務先が支給しますが，ここで予測する旅費交通費は，帰省や墓参，温泉や観光のための支出です。

⑹　交　際　費

おひとりさまといえども，人脈や信用を構築するためには，他人との交際なり，自宅以外での会議も必要となります。そのコストも自らの知的資産蓄積費用と考えてみてください。

⑺　新聞図書費

自己研鑽のための費用です。

⑻　通　信　費

今や，IT技術を抜きに生活や仕事をしにくくなっています。その情報や技術を収集ないし獲得する費用支出です。

2　管理可能固定費（固定支出）

管理可能固定費は，一ヶ月，四半期，半期，年次の予算期間内で管理可能な固定的支出です。

前項の消費量と支出金額に比例関係がある支出項目でも，自らの生活に十分でかつ合理的な消費量を事前に予測し，自らの保有資金の範囲内で支出金額を予算化することは可能です。すなわち，個人的に管理可能な支出です。

具体的には，上記変動支出に⑨～⑪を加えた以下の支出項目です。

①食料費，②被服費，③水道光熱費，④娯楽費，⑤旅費交通費，⑥交際費，⑦新聞図書費，⑧通信費，⑨教育研修費，⑩貯蓄，⑪有価証券投資

3　管理不能固定費（固定支出）

本書で，読者に最も注意していただきたいのが，**管理不能固定費**です。

管理不能固定費は，一旦，支出の意思決定をしてしまうと，事後的には支出金額を制御できない支出です。

典型的には，保険料，家賃，固定資産税，諸会費，リース料，定期購入費用，借入金返済額等です。これらを個別的に検討しておきます。

(1) 保 険 料

生命保険料と損害保険料，地震保険料等ですが，これらは，保険契約を締結すると解約しない限り支出額は変更できません。すなわち，管理不能です。

(2) 地 代 家 賃

アパート，倉庫，駐車場等の賃貸借契約を締結すると，家賃や地代の定期的，固定的支出が行われます。すなわち，管理不能です。

(3) 固定資産税

土地や建物を所有すると固定資産税が賦課されます。自分では，支出額を操作できません。すなわち，管理不能です。

(4) リ ー ス 料

リース料もリース契約締結後は，支出額を制御できません。すなわち，管理不能です。

(5) 諸 会 費

学会や業界団体の会員となると規約によって会費の負担が求められますが，これも管理不能です。

(6) 物品，サービス定期的購入費用

健康食品等の購入費用や健康維持や趣味のための講師料等も，一旦，契約をすると事後的には管理不能です。

(7) 借入返済額

借入金も契約をした段階で，元金と利息の定期的支払義務が発生します。すなわち，管理不能です。これらの支出の管理は，事後的には不可能です。

管理不能固定費の管理は，事前統制（initial control）しか手段はありません。

この点だけは，よく理解しておいてください。本当に必要な支出なのか，支出に見合う効果が期待できるのか，契約を締結する前に十二分に検討してください。

I-6-3 臨 時 支 出

臨時に，以下のような支出が想定されます。

1 賃貸借契約締結時の敷金，礼金

2 土地・建物購入代価

建物を建設する場合は，建物購入代価を建物建設工事費と読み替えてください。建物部分には消費税が課税されていますので，留意してください。

3 マンション購入費用

上記，戸建て物件同様，建物部分には，消費税が課税されます。

4 不動産取得付随費用

① 仲介手数料

② 固定資産税

③ 登録免許税

④ そ の 他

5 移 転 費 用

運送業者に支払う家具等の輸送費です。

6 補修，改修工事費

① 賃貸物件から転出する場合，産業廃棄物等処理費用です。

② 自宅を補修，改修する場合，補修，改修工事費です。

7 医 療 費

自費と社会保険診療の場合で異なります。

8 災害復旧費

この支出だけは，支出の時期も金額も全く予測不能ですが，経験則から支出は想定しておかなければなりません。

PART I-7　意思決定の大原則 －意思決定会計

　おひとりさまの経営は，経済の最小単位ですが，会計学の知識をほんの少し学習していただけるだけで，合理性，効率性の高い家計を実現できます。

　大学や大学院で会計学研究をしているつもりで少し，得意になって読んでください。

I-7-1　会計の分類

　会計は，外部に報告するための**財務会計**と内部管理目的の**管理会計**に分類されます。本書の目的は，おひとりさまの経営をいかに効率的に行うかを解説することにありますから，財務会計の解説は致しません。

　管理会計は，さらに次の二つに分けられます。

1　意思決定会計

　個人でも様々な選択的意思決定が求められます。この意思決定のために会計数値を利用する会計領域を**意思決定会計**と言います。

　本書では，この節のI-7-2～4で具体例を用いて，意思決定会計の一部である**差額原価分析**を解説します。

2　業績評価会計

　人生は長期にわたります。目標をたて，意思決定をした結果を管理する目的で，目標達成要件と比較して自らの業績を評価する過程，すなわち業績評価のための会計領域を**業績評価会計**と言います。

　本書では，PART I－9，PART I－10とPART Vで解説します。

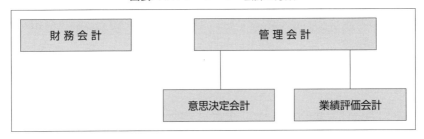

図表PARTⅠ－7－1　会計の分類

財務会計	管理会計	
	意思決定会計	業績評価会計

Ⅰ-7-2　差額原価分析－交通手段の選択

　帰省する際に，電車を使うか車を使うか旅費交通費のみに限定して，**差額原価分析**のあらましを理解していただくことにいたします。

　差額原価分析などとアカデミックに表現していますが，誰しも実行していることなので，内容はすぐ理解していただけると思います。

　なんとか，一日で到達できる東京－岡山間の電車と車の差額原価分析をしてみましょう。

　おひとりさまが，自家用車を所有するかどうかの判断も次の例で分析を試みますが，ここでは車を所有していると仮定しましょう。

　食事ですが，車で移動する場合は３回と想定し，電車で移動する場合は１回と想定しました。１回分の食事代は，どちらも同じと仮定し，食事代は車で移動する場合のみ２回分を想定しました。

　車で移動する場合，高速道路の利用を想定し，東京－岡山間約650kmを一人で運転するのですから，安全運転をしていただくために移動時間を10時間と想定し，深夜割引を適用しました。

　図表PARTⅠ－7－2をご覧ください。

図表PARTⅠ-7-2　旅費の差額原価分析

（単位：円）

電　車	金　額	自　動　車	金　額
乗　車　券	19,670	高速代 (注1)	9,900
新　幹　線	6,990	ガソリン代 (注2)	4,713
食　事　代	0	食事代（2回）	2,000
合　　計	26,660	合計	16,613

（注1）　深夜割引利用と仮定
（注2）　650km走行，1リッターあたり20km走行，1リッター145円と仮定（円位未満四捨五入）

　電車と自動車では，片道で約10,047円の差額原価となります。移動手段としては，50ccのバイクや徒歩も想定されますが，これらの場合は，食事代と宿泊費も想定し，差額原価分析をすべきです。

Ⅰ-7-3　差額原価分析－車の所有かレンタルか

　おひとりさまが，静養か趣味のために往復500kmくらいの旅行を毎月1回すると仮定してみましょう。自家用車を所有するか，レンタカーにするかは，おひとりさまならだれでも試算しているはずです。

　しかし，この差額原価分析に，読者の皆様が本書を読んで得をしたと思っていただけることを解説してみます。**図表PARTⅠ-7-3**をご覧ください。

図表PARTⅠ-7-3　車の差額原価分析

（単位：円）

車 の 所 有	金　額	レンタカー	金　額
購入代金 (注1)	20,833	48時間	13,200
自動車税 (注2)	2,542		
付加原価 (注3)	13		
合　　計	23,388	合計	13,200

（注1）　¥1,500,000÷6年÷12か月　（円位未満四捨五入）
（注2）　¥30,500÷12か月　　　　　（円位未満四捨五入）
（注3）　¥1,500,000×0.0001÷12　（円位未満四捨五入）

自家用車の所有費用と車のレンタル料の試算くらい読者の皆様なら完全に行われるはずですが，大切なことを忘れてはおられませんか？

　車の所有の差額原価の計算上，「**付加原価**」と記載されている**特殊原価**のことです。

　この原価概念は，商学部や経済学部で会計学を学ばれた方でもついつい失念してしまう厄介な特殊原価概念です。

　なぜなら，この特殊原価は現金支出も伴わないため，会社の帳簿にも読者の皆さま方の現金出納帳や家計簿に全く記帳されない原価概念だからです。

　読者の皆様は，もし1,500,000円の現預金を所有しておられたら，車を現金で買うなり，PART Ⅳの金融商品を買うなり，自由に選択できますが，仮に金融商品の定期預金に投資していたら，年間0.01％の受取利息を受け取れますが，車を現金で購入するとこの受取利息を受領する権利を放棄することになります。しかし，これは，おひとりさまの現金支出ではありませんが，一種の逸失利益で車所有の付加的原価すなわち付加原価を差額原価分析上認識しなければならないのです。

Ⅰ-7-4 差額原価分析－副業の開始

　これまでは，収入や投資額が変化しない性質の意思決定における差額原価分析でしたが，ここでは，収入と費用に変化が生じる問題に挑んでみましょう。

　国策としての「働き方改革」の一環で「副業・兼業の推進」へと就業環境に大変革が行われました。

　厚生労働省が2018年1月に改訂した「モデル就業規則」によれば，企業秘密の漏洩等会社にとって損害を被らないことを条件に「勤務時間外に他の会社等の業務に従事することができる」ことになりましたので，副業で個人事業をすることも可能です。

　他の会社に勤務する場合は，給与所得の増加と犠牲にする余暇時間の価値との比較考量をすればよいのですが，個人事業にする場合は，獲得する収益とこ

の収益を獲得するための費用を差し引いて差額利益が発生するかどうかの判断をしなければなりません。**図表PART I－7－4**をご覧ください。

　副業案1は，設備投資をして事務所か小規模な工場を建て，外注業者も依頼する事業案，副業案2で自宅と客先に出向いて仕事をする事業案を想定してみました。

　この副業選択の差額原価収益分析は，未来原価と未来収益の予測が必要となります。過去の経験や他人の知識に頼ることが困難ですので，難易度の高い意思決定会計となります。予測は慎重に進めて下さい。

図表PART I－7－4　副業選択の差額原価収益分析

（単位：円）

副業案1			副業案2		
科　　目	金　　額		科　　目	金　　額	
I　売　上　高		4,000,000	I　売　上　高		2,500,000
II　販　管　費			II　販　管　費		
1　福利厚生費			1　福利厚生費	100,000	
2　通　信　費			2　通　信　費	120,000	
3　消耗品費	231,000		3　消耗品費	30,000	
4　新聞図書費			4　新聞図書費	120,000	
5　旅費交通費			5　旅費交通費	150,000	
6　会　議　費			6　会　議　費	60,000	
7　外　注　費	1,500,000		7　外　注　費		
8　保　険　料	60,000		8　保　険　料		
9　減価償却費 (注)	200,000		9　減価償却費		
10　雑　　費	12,000	2,003,000	10　雑　　費	60,000	640,000
営　業　利　益		1,997,000	営　業　利　益		1,860,000

（注）　建物価額　5,000,000円，耐用年数　25年

PART I-8 税金と時間価値

　本書の目的は，おひとりさまが一生涯実り豊かな人生を送っていただくために，おすすめしたいことを解説することです。一生という超長期にわたり，逃れられない税金と時間の関係を理解していただくことが重要となります。

I-8-1 所得税の計算構造

　税金は国や地域社会を支えるために，法律で定められています。このことは，皆様，義務教育を受けた時点で学習されていることと思います。

　おひとりさまにとって最も重要な税金は，所得税と住民税です。所得税のしくみを理解すれば，住民税の考え方は何とか理解できますので，ここでは，所得税の計算構造を解説します。

　図表PART I-8-1では，所得税の計算構造と本書の**PART II ～ PART IV**で解説する保険商品，金融商品，住宅取得を慎重に選定され購入された方とそうでない方の所得税上の利害得失が比較可能です。

　この表の「所得控除」の⑦の小規模企業共済等は，老いに備えるリスクマネジメント，⑧は病気に備えるリスクマネジメント，⑨は天変地異に備えるリスクマネジメント，「税金の計算」の㉔は，住宅取得をした場合の優遇税制に関連します。

図表PARTⅠ－8－1　所得税比較表

所得税確定申告書A（一部抜粋）

(単位：円)

			税効果尊重型	税効果軽視型	差　　額
収 入 金 額	給　　　　与		5,168,000	5,168,000	0
所 得 金 額	給　　　　与	①	3,594,400	3,594,400	0
	そ　の　他	②～④			
	①＋②＋③＋④	⑤	3,594,400	3,594,400	0
所 得 控 除	社会保険料控除	⑥	869,754	869,754	0
	小規模企業共済等掛金控除	⑦	144,000	0	144,000
	生命保険料控除	⑧	120,000	120,000	0
	地震保険料控除	⑨	100,000	0	100,000
	寡婦，寡夫控除	⑩			
	勤労学生，障害者控除	⑪			
	配偶者控除	⑫～⑬			
	扶 養 控 除	⑭			
	基 礎 控 除	⑮	480,000	480,000	0
	⑥～⑮の計	⑯	1,713,754	1,469,754	244,000
	雑 損 控 除	⑰			
	医 療 費 控 除	⑱			
	寄 付 金 控 除	⑲			
	⑯～⑲の計	⑳	1,713,754	1,469,754	244,000
税金の計算	課 税 所 得（⑤－⑳）	㉑	1,880,646	2,124,646	−244,000
	㉑に対する税額	㉒	100,000	327,300	−227,300
	住宅借入金等特別控除	㉔	100,000	0	100,000
	所 得 税 額（㉒－㉔）	㉜	0	327,300	−327,300

I-8-2 時間価値

　金融商品を運用したり，副業でマンション投資をする場合，その期間は1年以上の長期にわたります。ここに，**時間価値**という概念が重要になります。

　話を簡単にするために，読者が1,000,000円持っていたとしましょう。これを，年利率10%で運用できる金融商品があったとしましょう。**図表I-8-2**にその複利元利合計の算式が表で理解できるように工夫してみました。

図表PART I-8-2　複利元利計算

（単位：円）

	元　　金	利率	受取利息	元利合計	
	P	r	P×r		算式
運用開始時	1,000,000				
1年後	1,000,000	0.1	100,000	1,100,000	P(1+r)
2年後	1,100,000	0.1	110,000	1,210,000	$P(1+r)^2$
3年後	1,210,000	0.1	121,000	1,331,000	$P(1+r)^3$

　元金1,000,000円が2年後には，1年後の元利合計1,100,000円を再投資して，元利合計で1,210,000円になることが理解できます。表の右側のN年後の元利合計を求めるための係数，$(1+r)^n$を**利殖係数**といいます。

　この表を下から，逆に読んでみてください。3年後の元利合計1,331,000円の現在価値は，1,000,000円であることが分かります。この現在価値への割引計算は，1,331,000円を$1/(1+0.1)^3$すればよいのです。

　この$1/(1+r)^n$を**現価係数**といいます。これをまとめておきましょう。

1　複利計算（現時点から将来の金額を求めること）
　　　　　n年後の元利合計＝$P_0(1+r)^n$
2　割引計算（将来の金額の現在価値を求めること）
　　　　　現在価値＝$P_0(1+r)^n×1/(1+r)^n$

Ⅰ-8-3 時間価値を考慮した差額原価収益分析

　ここでは，副業として中古マンションを購入して副業として得になるか損になるかを判断してみましょう。

　図表PARTⅠ-8-3は，家賃が低め，割引率10%，**図表PARTⅠ-8-4**は，家賃が多め，割引率5%の予想キャッシュフロー（現金流出入額と純現金流入額）と純現金流入額の現在価値を計算してあります。

　なお，所得水準は，マンション投資を考えるおひとりさまの資金的余裕を考慮して，**図表PARTⅠ-8-1**より高めの所得水準を想定し，所得税・住民税の税率を30%と仮定しています。またどちらも10年後には，取得価額と同じ価額で売却したと仮定しています。

　単年度では，会計基準に従って決算書を作成し，この決算数値に基づいて税額計算をしますが，長期間では，税額計算とともに純現金流入額の現在価値を求めることが重要となります。前項で解説しましたように，時間には価値があるからです。

　この表で，税引後利益に減価償却費を加算するのは，減価償却費は現金支出を伴わない費用だからです。このため，純現金流入額を計算するためには，減価償却費を加算しなければならないのです。

　この差額原価収益分析の結論を確認しておきましょう。**図表PARTⅠ-8-3**，**図表Ⅰ-8-4**のいずれも取得原価よりも純現金流入額の現在価値が少ないため，この副業のための設備投資は断念すべきということになります。

【用語解説】　減価償却
　建物や車の価額は耐用年数が長いため耐用年数にわたって収益を獲得するために犠牲にされる価値です。このため，耐用年数にわたって収益獲得のための費用（価値犠牲）を計算することを減価償却と言います。

図表PART I－8－3　家賃低め、割引率10%

（単位：円）

科　目	1 金額	2 金額	3 金額	4 金額	5 金額	6 金額	7 金額	8 金額	9 金額	10 金額	合計 金額
I 売 上 高	720,000	720,000	720,000	720,000	720,000	720,000	720,000	720,000	720,000	720,000	7,200,000
II 費　用											
1 固定資産税	180,000	180,000	180,000	180,000	180,000	180,000	180,000	180,000	180,000	180,000	1,800,000
2 外 注 費	60,000	60,000	60,000	60,000	60,000	60,000	60,000	60,000	60,000	60,000	600,000
3 保 険 料	60,000	60,000	60,000	60,000	60,000	60,000	60,000	60,000	60,000	60,000	600,000
4 減価償却費 (注1)	200,000	200,000	200,000	200,000	200,000	200,000	200,000	200,000	200,000	200,000	2,000,000
5 借入金利息 (注2)	420,000	378,000	336,000	294,000	252,000	210,000	168,000	126,000	84,000	42,000	2,310,000
費 用 計	920,000	878,000	836,000	794,000	752,000	710,000	668,000	626,000	584,000	542,000	7,310,000
利　　　　益	-200,000	-158,000	-116,000	-74,000	-32,000	10,000	52,000	94,000	136,000	178,000	-110,000
所 得 税 等（30%）	-60,000	-47,400	-34,800	-22,200	-9,600	3,000	15,600	28,200	40,800	53,400	-33,000
税 引 後 利 益	-140,000	-110,600	-81,200	-51,800	-22,400	7,000	36,400	65,800	95,200	124,600	-77,000
4 減価償却費 (注1)	200,000	200,000	200,000	200,000	200,000	200,000	200,000	200,000	200,000	200,000	2,000,000
売　　　　却										14,000,000	14,000,000
純現金流入額	60,000	89,400	118,800	148,200	177,600	207,000	236,400	265,800	295,200	14,324,600	15,923,000
現在価値率表	0.9091	0.8264	0.7513	0.6830	0.6209	0.5645	0.5132	0.4665	0.4241	0.3855	
現 在 価 値	54,546	73,880	89,254	101,221	110,272	116,852	121,320	123,996	125,194	5,522,133	6,438,668

（注1）建物価額：5,000,000円、耐用年数：25年
（注2）借入金：14,000,000円、年利率：3％元金均等払い、PART I－8－5　借入金返済一覧表参照

(単位：円)

図表PART I－8－4　家賃多め, 割引率5%

科目	1 金額	2 金額	3 金額	4 金額	5 金額	6 金額	7 金額	8 金額	9 金額	10 金額	合計 金額
I　売上高	840,000	840,000	840,000	840,000	840,000	840,000	840,000	840,000	840,000	840,000	8,400,000
II　費用											
1　固定資産税	180,000	180,000	180,000	180,000	180,000	180,000	180,000	180,000	180,000	180,000	1,800,000
2　外注費	60,000	60,000	60,000	60,000	60,000	60,000	60,000	60,000	60,000	60,000	600,000
3　保険料	60,000	60,000	60,000	60,000	60,000	60,000	60,000	60,000	60,000	60,000	600,000
4　減価償却費(注1)	200,000	200,000	200,000	200,000	200,000	200,000	200,000	200,000	200,000	200,000	2,000,000
5　借入金利息(注2)	420,000	378,000	336,000	294,000	252,000	210,000	168,000	126,000	84,000	42,000	2,310,000
費用計	920,000	878,000	836,000	794,000	752,000	710,000	668,000	626,000	584,000	542,000	7,310,000
利益	-80,000	-38,000	4,000	46,000	88,000	130,000	172,000	214,000	256,000	298,000	1,090,000
所得税等(30%)	-24,000	-11,400	1,200	13,800	26,400	39,000	51,600	64,200	76,800	89,400	327,000
税引後利益	-56,000	-26,600	2,800	32,200	61,600	91,000	120,400	149,800	179,200	208,600	763,000
4　減価償却費(注1)	200,000	200,000	200,000	200,000	200,000	200,000	200,000	200,000	200,000	200,000	2,000,000
売却										14,000,000	14,000,000
純現金流入額	144,000	173,400	202,800	232,200	261,600	291,000	320,400	349,800	379,200	14,408,600	16,763,000
現在価値表	0.9524	0.9070	0.8638	0.8227	0.7835	0.7462	0.7107	0.6768	0.6446	0.6139	
現在価値	137,146	157,274	175,179	191,031	204,964	217,144	227,708	236,745	244,432	8,845,440	10,637,062

(注1)　建物価額：5,000,000円、耐用年数：25年
(注2)　借入金：14,000,000円、年利率：3％元金均等払い、PART I－8－5　借入金返済一覧参照

図表PART I－8－5　借入金返済一覧表

（単位：円）

	期首残高	年 利 率	支払利息	返 済 額	期末残高
1	14,000,000	3 %	420,000	1,400,000	12,600,000
2	12,600,000	3 %	378,000	1,400,000	11,200,000
3	11,200,000	3 %	336,000	1,400,000	9,800,000
4	9,800,000	3 %	294,000	1,400,000	8,400,000
5	8,400,000	3 %	252,000	1,400,000	7,000,000
6	7,000,000	3 %	210,000	1,400,000	5,600,000
7	5,600,000	3 %	168,000	1,400,000	4,200,000
8	4,200,000	3 %	126,000	1,400,000	2,800,000
9	2,800,000	3 %	84,000	1,400,000	1,400,000
10	1,400,000	3 %	42,000	1,400,000	0

I-8-4 | 節税効果と生涯価値

　I-8-1で所得控除という税制上の恩典を享受すれば，受け取る所得は多くなることが理解できたと思います。

　しかし，まじめに節税に取り組んでも，前項のようにマンション投資によって，損をすることもありますので，自らの獲得する生涯所得の現在価値を高めるためには，慎重な経済性計算が望まれるのです。

　特に，マンション投資や多額の設備投資が必要な副業の選択をする場合には，**管理不能固定費**が長期にわたって支出されることになりますので，十二分に事前統制を行ってください。

　PART I-1で，環境変化を理解しましたが，ここでは，別の視点でも環境変化を認識しておきましょう。

　昭和時代は，前項のように借金をして不動産投資をしても，人口が増えるので借り手も増加する，家賃は高くても給与所得が毎年上昇するので，借手も家賃は苦にならない，このため家賃収入は確実に入るし，家賃の値上げも借り手に理解してもらいやすいから借入金の返済も増え，所得も増える，自己資産は増加する，土地価額の値上がりも期待できると二重，三重のメリットが期待できました。

　令和時代は，人口減少，雇用の不安定化，給与所得の減少，土地価額の値下がり等，昭和時代とは逆の環境変化が起きています。

PART I-9　資金計画の策定

I-9-1　所得と資金の予測

1　所得，可処分所得，資金

　すでに，所得と可処分所得の関係と可処分所得の算出過程は，PART I-5で解説しました。

　ここに，**資金**とは，厳密には可処分所得に現金支出を伴わない費用（典型的には，事業所得や不動産所得を計算する際に用いられる減価償却費や繰延資産償却費）を加算した金額をいいますが，読者の皆様は，ほぼ**可処分所得**と同じと考えておいてください。

2　資金予測の留意点

　所得金額は，雇用契約や請負契約等の業務上の契約が存在するため，短期的には操作不能です。

　しかし，保険のように管理不能固定支出でも契約解除によって操作可能な支出はあります。PART Ⅲで解説しますが，保険契約の見直しによって，可処分所得ないしは資金の純収入を増加させることができますので，資金予測に際しては，過去の資金収支の業績評価を十分行ってから資金収入と資金支出の予測を行ってください。

I-9-2　短期資金計画と長期資金計画

1　短期資金計画

　短期とは，一ヵ月，四半期，一年間を言います。この一ヶ月ないし年間の資金収入と資金支出を予測します。

(1) **資金収入の予測**

PART I – 5 を参照してください。

(2) **資金支出の予測**

PART I – 6 を参照してください。

2　長期資金計画

長期とは，1年超死ぬまでの期間を想定してください。

長期資金計画を策定するためには，臨時の収入と臨時の支出の予測をできるだけ厳密に行うことです。

本書では，住環境の整備として，住宅取得を念頭において（おすすめして）いますので住宅取得資金の頭金の蓄積を想定した長期資金計画を考えてみましょう。

I – 9 – 3 ｜ 資金計画表の作成

資金収入と資金支出を想定し，資金計画表を作成します。

標準的な資金計画表として**図表PART I – 9 – 1**に資金収入計画表，**図表PART I – 9 – 2**に資金支出計画表を提案しておきます。なお，**図表PART I – 9 – 2**では，住宅取得を前提としていますので，**PART I – 10**の貯蓄部分は，住宅取得資金とリスクマネジメント用の準備資金の2段階を作表上提案しておきます。

I – 9 – 4 ｜ 長期資金計画の策定

長期資金計画は，本年，2021年から死ぬまでの資金計画ですが，おひとりさまの現実的な長期資金計画を考えますと，住宅資金購入までと住宅購入後から引退まで，引退後から死ぬまでの3分類をして長期資金計画を策定すべきでしょう。

標準的な長期資金計画表は，**図表PART I – 9 – 1**と**図表PART I – 9 –**

２の主要数値を転記した**図表PARTⅠ－９－３**を提案します。

図表PARTⅠ－９－１　資金収入計画表

(単位：円)

収　　　入	2021	2022	2023	2024	2025	実績値
Ⅰ　固定収入						
1　給与所得	3,560,000	3,560,000	3,560,000	3,560,000	3,560,000	
2　事業所得	250,000	0*	0*	100,000	100,000	
3　不動産所得						
4　利子所得						
5　配当所得						
6　雑　所　得	300,000					
7　合計所得(1～6)	4,110,000	3,560,000	3,560,000	3,660,000	3,660,000	
8　所得控除	1,487,720	1,487,720	1,487,720	1,487,720	1,487,720	
9　課税所得(7－8)	2,622,280	2,072,280	2,072,280	2,172,280	2,172,280	
10　所得税・住民税	426,900	316,900	316,900	336,900	336,900	
11　税引後所得(9－10)	2,195,380	1,755,380	1,755,380	1,835,380	1,835,380	
12　税額算出上控除額加算	2,570,000	2,020,000	2,020,000	2,670,000	2,670,000	
13　控除対象外支出減算	230,000	230,000	230,000	230,000	230,000	
可処分所得合計(11＋12－13)	4,535,380	3,545,380	3,545,380	4,275,380	4,275,380	
Ⅱ　臨時収入						
1　贈与，相続						
2　退　職　金						
3　報　奨　金						
4　借　入　金		30,000,000				
5　資産売却		6,000,000				
6　保険金等解約						
7　所得税・住民税						
8　税額算出上控除額加算						
9　控除対象外支出減算						
臨時収入合計		36,000,000				
Ⅲ　総　収　入	4,535,380	39,545,380	3,545,380	4,275,380	4,275,380	

＊　新型コロナウイルス感染症のため

図表PARTⅠ-9-2 資金支出計画表

(単位：円)

支　　　出	2021	2022	2023	2024	2025	実 績 値
Ⅰ　管理可能固定支出						
1　食 料 費	480,000	480,000	480,000	480,000	480,000	
2　被 服 費	200,000	200,000	200,000	200,000	200,000	
3　水道光熱費	180,000	180,000	180,000	180,000	180,000	
4　娯 楽 費	300,000	200,000	200,000	200,000	200,000	
5　旅費交通費	120,000	120,000	120,000	120,000	120,000	
6　交際費(慶弔費含む)	100,000	100,000	100,000	100,000	100,000	
7　新聞図書費	50,000	50,000	50,000	50,000	50,000	
8　通 信 費	150,000	150,000	150,000	150,000	150,000	
9　教育研修費	120,000	120,000	120,000	120,000	120,000	
管理可能固定支出合計(1～9)	1,700,000	1,600,000	1,600,000	1,600,000	1,600,000	
Ⅱ　管理不能固定支出						
1　生命保険料	300,000	300,000	300,000	300,000	300,000	
2　損害保険料	0					
3　地震保険料	100,000	100,000	100,000	100,000	100,000	
4　個人年金保険料	144,000	144,000	144,000	144,000	144,000	
5　家 　　賃	1,200,000	0	0	0	0	
6　固定資産税 (注1)	0	84,000	84,000	84,000	84,000	
7　リ ー ス 料	0					
8　諸 会 費	0					
9　物品等定期購入費用	0					
10　借入金返済額(元金等利息含む)	0	1,301,250	1,288,393	1,275,538	1,262,678	
管理不能固定支出合計(1～10)	1,744,000	1,929,250	1,916,393	1,903,538	1,890,678	
Ⅲ　臨 時 支 出						
1　土 地 建 物 (注2)	0	30,000,000	0	0	0	
2　付 随 費 用	0	4,400,000	0	0	0	
3　移 転 費 用	0	1,000,000	0	0	0	
4　補修, 改修工事	0	600,000	0	0	0	
5　医 療 費	0	0	0	0	0	
6　災害復旧費	0	0	0	0	0	
臨時支出合計(1～6)	0	36,000,000	0	0	0	
Ⅳ　資産運用資金支出						
1　貯 　蓄 (住宅取得資金)	900,000	0	0	0	0	
2　貯 　蓄 (準備金)		0	0	850,000	850,000	
資産運用資金支出合計(1～2)	900,000	0	0	850,000	850,000	

2020年金額欄は**図表PARTⅠ-10-6**へ転記。
(注1)　2022年1月1日に土地建物を取得したと仮定。
(注2)　少し多めに予測しています。

図表PART Ⅰ－9－3　長期資金計画表

(単位：円)

収　　　入	2021	2022	2023	2024	2025
Ⅰ　固　定　収　入					
可処分所得合計	4,535,380	3,545,380	3,545,380	4,275,380	4,275,380
Ⅱ　臨　時　収　入					
臨時収入合計		36,000,000			
Ⅲ　総　収　入	4,535,380	39,545,380	3,545,380	4,275,380	4,275,380

図表PART Ⅰ－9－1から転記。

(単位：円)

支　　　出	2021	2022	2023	2024	2025
Ⅰ　管理可能固定支出					
管理可能固定支出合計	1,700,000	1,600,000	1,600,000	1,600,000	1,600,000
Ⅱ　管理不能固定支出					
管理不能固定支出合計	1,744,000	1,929,250	1,916,393	1,903,538	1,890,678
Ⅲ　臨　時　支　出					
臨時支出合計	0	36,000,000	0	0	0
Ⅳ　総　支　出	3,444,000	39,529,250	3,516,393	3,503,538	3,490,678
Ⅴ　資産運用資金支出					
1　貯　　　蓄（住宅取得資金）	900,000	0	0	0	0
2　貯　　　蓄（準備金）	0	0	0	850,000	850,000
資産運用資金支出合計（1～2）	900,000	0	0	850,000	850,000
総合計（Ⅳ＋Ⅴ）	4,344,000	39,529,250	3,516,393	4,353,538	4,340,678

(単位：円)

収支差額 (注)	191,380	16,130	28,987	−78,158	−65,298

図表PART Ⅰ－9－2から転記。

（注）　計画設定時の誤差です。

PART I-10 業績評価と修正行動

I-10-1 資金収支の計画と実績

　資金収支の実績表は，**図表PART I －9－1**と**図表PART I －9－2**の右側に実績値を記していただければ，皆様の業績評価表が完成します。

I-10-2 資産（財産）と負債（債務）の棚卸

　資産と負債の厳密な定義は，国際会計基準審議会の公表した概念フレームワーク(注) を参照していただければよいのですが，本書はおひとりさまの資金管理や業績評価を解説していますので，会計学の世界に踏み込んでいただく必要はありません。日常生活で使われている「財産」を**資産**，「債務」を**負債**と考えてください。

　詳しくは，**PART V**で解説しますので，ここでは，標準的な雛形のみ「バランスシート」として提案しておきます（**図表PART I －10－1～3参照**）。3つのバランスシートには，「Ref.」という棚があり，C，D，K，MおよびMと記入されています。これらについては，**図表PART V －6－2**をご覧下さい。

　このバランスシートに従って，特定時点（例えば，令和2年12月31日）の資産（財産）と負債（債務）を項目別に調べ，具体的な数字をこのバランスシートの各該当部分に転記してください。

（注）　岩崎勇著『IFRSの概念フレームワーク』税務経理協会，平成31年3月。

図表PARTⅠ-10-1　バランスシート（不動産購入直前）
2021年12月31日

（単位：円）

資産（財産）			負債（債務）および正味財産		
科　　　目	Ref.	金　　額	科　　　目	Ref.	金　　額
現　　　　　金	C	100,000	未　払　金		
普　通　預　金	C	1,500,000	借　入　金		
定　期　預　金	C	5,000,000	租　税　債　務		
有　価　証　券	D	1,000,000	偶　発　債　務		
貸　付　金			債　務　合　計		
未　収　金（退職金他）					
不　　動　　産			正　味　財　産		7,600,000
動　　　　　産					
保　険　商　品					
財　産　合　計		7,600,000	債務および正味財産合計		7,600,000

図表PARTⅠ-10-2　バランスシート（不動産購入時）
2022年1月1日

（単位：円）

資産（財産）			負債（債務）および正味財産		
科　　　目	Ref.	金　　額	科　　　目	Ref.	金　　額
現　　　　　金	C	100,000	未　払　金		
普　通　預　金	C	500,000	借　入　金	Q	30,000,000
定　期　預　金	C	0	租　税　債　務		
有　価　証　券	D	1,000,000	偶　発　債　務		
貸　付　金			債　務　合　計		30,000,000
未　収　金（退職金他）					
不　　動　　産	K	30,000,000	正　味　財　産		1,600,000
動　　　　　産					
保　険　商　品					
財　産　合　計		31,600,000	債務および正味財産合計		31,600,000

図表PART I－10－3　バランスシート（不動産購入後24ヵ月経過）
2023年12月31日

（単位：円）

資産（財産）				負債（債務）および正味財産			
科　　　目	Ref.	金　　額		科　　　目	Ref.	金　　額	
現　　　　金	C	100,000		未　払　金			
普　通　預　金	C	500,000		借　入　金	Q	28,285,714	
定　期　預　金		0		租　税　債　務			
有　価　証　券	D	1,000,000		偶　発　債　務			
貸　付　金				債　務　合　計		28,285,714	
未　収　金（退職金他）							
不　動　産	K	25,000,000		正　味　財　産		−1,585,714	
動　　　産							
保　険　商　品	M	100,000					
財　産　合　計		26,700,000		債務および正味財産合計		26,700,000	

図表PART I－10－4　バランスシート（不動産購入後60ヵ月経過）
2026年12月31日

（単位：円）

資産（財産）				負債（債務）および正味財産			
科　　　目	Ref.	金　　額		科　　　目	Ref.	金　　額	
現　　　　金	C	0		未　払　金			
普　通　預　金	C	3,000,905		借　入　金	Q	25,714,286	
定　期　預　金	C	3,000,000		租　税　債　務			
有　価　証　券		0		偶　発　債　務			
貸　付　金		0		債　務　合　計		25,714,286	
未　収　金（退職金他）		0					
不　動　産	K	25,500,000		正　味　財　産		8,968,219	
動　　　産		0					
保　険　商　品	M	3,181,600					
財　産　合　計		34,682,505		債務および正味財産合計		34,682,505	

　図表PART I－10－4の作成については，PART V－7とPART V－8をご覧下さい。

Ⅰ-10-3 計画と実績の乖離とその原因分析

　図表PARTⅠ-10-5と図表PARTⅠ-10-6に業績評価表を例示してお
きました。

　これらの表には，差異が計測されますが，その差異がなぜ生じたのか，分析
し，分析結果を書き記してください。

図表PART Ⅰ－10－5　業績評価（収入計画実績対比）表
2021年業績評価表

（単位：円）

収　　入	計　画	実　績	差　異	差異分析
Ⅰ　固定収入				
1　給与所得	3,560,000	3,594,400	34,400	
2　事業所得	250,000	0	－250,000	新型コロナウイルス感染症による契約解消
3　不動産所得			0	
4　利子所得			0	
5　配当所得			0	
6　雑　所　得	300,000	0	－300,000	新型コロナウイルス感染症による契約解消
7　合計所得（1～6）	4,110,000	3,594,400	－515,600	新型コロナウイルス感染症による契約解消
8　所得控除	1,487,720	1,469,754	－17,966	
9　課税所得（7－8）	2,622,280	2,124,646	－497,634	
10　所得税・住民税	426,900	327,300	－99,600	
11　税引後所得（9－10）	2,195,380	1,797,346	－398,034	
12　税額算出上控除額加算	2,570,000	2,053,600	－516,400	
13　控除対象外支出減算	230,000	230,000	0	
可処分所得合計（11＋12－13）	4,535,380	3,620,946	－914,434	
Ⅱ　臨時収入				
1　贈与，相続				
2　退　職　金				
3　報　奨　金				
4　借　入　金				
5　資産売却				
6　保険金等解約				
7　所得税・住民税				
8　税額算出上控除額加算				
9　控除対象外支出減算				
可処分所得合計				
Ⅲ　総　収　入（Ⅰ＋Ⅱ）	4,535,380	3,620,946	－914,434	

計画欄金額は，**図表PARTⅠ－9－1**から転記。

図表PART I −10−6　業績評価（支出計画実績対比）表
2021年業績評価表

(単位：円)

支　　出	計　画	実　績	差　異	差異分析
I　管理可能固定支出				
1　食　料　費	480,000	450,000	− 30,000	
2　被　服　費	200,000	150,000	− 50,000	
3　水道光熱費	180,000	170,000	− 10,000	
4　娯　楽　費	300,000	330,000	30,000	
5　旅費交通費	120,000	80,000	− 40,000	
6　交　際　費(慶弔費含む)	100,000	60,000	− 40,000	
7　新聞図書費	50,000	40,000	− 10,000	
8　通　信　費	150,000	180,000	30,000	
9　教育研修費	120,000	50,000	− 70,000	
管理可能固定支出合計(1〜9)	1,700,000	1,510,000	− 190,000	
II　管理不能固定支出				
1　生命保険料	300,000	300,000	0	
2　損害保険料	0	0	0	
3　地震保険料	100,000	100,000	0	
4　個人年金保険料	144,000	144,000	0	
5　家　　　賃	1,200,000	1,200,000	0	
6　固定資産税	0	0	0	
7　リ　ー　ス　料	0	0	0	
8　諸　会　費	0	0	0	
9　物品等定期購入費用	0	0	0	
10　借入金返済額	0	0	0	
管理不能固定支出合計(1〜10)	1,744,000	1,744,000	0	
III　臨時支出				
1　土地建物	0	0	0	
2　付随費用	0	0	0	
3　移転費用	0	0	0	
4　補修、改修工事	0	0	0	
5　医　療　費	0	5,000	5,000	
6　災害復旧費	0	0	0	
臨時支出合計(1〜6)	0	5,000	5,000	
IV　資産運用資金支出				
1　貯　　　蓄(住宅取得資金)	900,000	361,946(注)		
2　貯　　　蓄(準備金)	0	0		
資産運用資金支出合計(1〜2)	900,000	361,946		

計画欄金額は，**図表PART I −9−2**から転記。
(注)　(図表PART I −10−5のIIIの実績)3,620,946 −($\overset{(\text{I})}{1,510,000}$ + $\overset{(\text{II})}{1,744,000}$ + $\overset{(\text{III})}{5,000}$)＝361,946

I-10-4 計画の修正と修正行動

計画と実績の差異分析の結果，目標達成のために何を修正しなければならないか整理し，新しい戦略計画書を書き直してください。

この計画の修正は，ヒト，モノ，カネといった経営資源別，収入や支出の項目別に分析し，修正するとともに，修正行動計画書，資金計画書を作成してください。すなわち，基本戦略と実行計画，およびリスクマネジメント計画の再策定と樹立を行ってください。

念のため，この実績の測定，計画と実績の差異分析は，I-4-1のリスクの認識と測定をすることです。また，計画の修正と修正行動はI-4-2のリスクの予防と処理，さらにI-4-3のリスクの対処を行うことです。

PART Ⅱ
住環境を整備する

PART II−1 生涯年収と住宅購入

II−1−1 生涯年収とは

　2019年，老後の2,000万円問題が話題になりました。金融審議会「市場ワーキング・グループ」の報告書から始まり，「老後は年金にプラスして2,000万円必要」といわれ，驚いた方も多いと思います。退職金や，その後貰える年金の金額も気になるところですが，仕事を辞めるまでに貰える金額はどれくらいなのかも気になるところです。いま，この本を読んでいるおひとりさまは，ご自身の「生涯年収」を考えてみたことはありますか？

　生涯年収とは，新卒入社から退職するまでの間に受け取るお給料やボーナスを合計したものです。「ユースフル労働統計2019」では，厚生労働省の「賃金構造基本統計調査」をもとに平均的な生涯年収を性別，学歴別に推計し発表しています。次の**図表PART II−1−1**をご覧ください。

図表PART II−1−1　生涯年収一覧（退職金を含めない）

	男　　性	女　　性
中　　卒	1億9,010万円	1億2,590万円
高　　卒	2億190万円	1億3,410万円
短大卒（高専含む）	2億780万円	1億6,270万円
大卒（大学院含む）	2億6,220万円	1億9,930万円

（出典：ユースフル労働統計2019）

　女性の場合，大学・大学院卒と高卒を比べてみると約6,500万円の差があります。全体的に見ても，高学歴ほど生涯年収が多くなることがわかります。

　なお，この生涯年収は実際の手取り額とは異なります。所得税，住民税や社

会保険料，他には雇用保険料などが引かれます。年収1,000万円くらいまでであれば，大体２割〜３割の金額を引いたものが手取りになります。

　ちょっとピンとこない大きな数字ですが，こうして収入の全体像を見渡すことで，おひとりさまのマネープランを見直すきっかけになります。限られた生涯年収をより効率的に使い，おひとりさまの人生の満足度をどう高めるか，PART Ⅱでは住環境と働き方についてお話をすすめていきます。

Ⅱ-1-2　住宅環境の整備

　よく「人生の３分の１は睡眠時間」といいます。まして食事やお風呂，テレビを見るなどを考えると，家にいる時間というのは人生の半分以上になるのではないでしょうか。ならばこそ，快適に過ごせる家を手に入れたいものです。よく眠れない，目覚めが悪い，風邪をひきやすい，くしゃみや鼻水が止まらないなどは体調だけでなく，室内環境にも原因があるかもしれません。

　夏は涼しく冬は暖かく，そしていつもクリーンな空気が保たれていれば，体調も安定し，ハウスダストなどのアレルギーも抑えられるかと思います。

　近年の省エネ住宅はそれらが考慮されています。断熱材や工法が進化し，高気密・高断熱で光熱費の節約にもつながっています。さらには耐震性，耐風性など，すべての面での耐久性も向上しています。快適な生活空間は住む人の健康も守ります。日々の生活を楽しめるのは健康であればこそと考えると，よりよい住宅環境を考えることは非常に大切なことなのです。

　また住宅環境には建物だけでなく，居住する場を取り巻く自然・社会環境も含まれます。居住する地域の役所・施設はどんな活動やサポートをしてくれるかについてはPART Ⅱ－9で，ケガや病気をしたときの近隣の医療体制についてはPART Ⅱ－10でお話しします。また風水害や地震など，災害時の対策についてはPART Ⅱ－8でお話しします。

Ⅱ-1-3 おひとりさまの居住空間

　いまのお住まいはどんなお部屋でしょうか？都市部ならばワンルームという方が大半なのではないでしょうか。

　PART Ⅱ-2で詳しくお話ししますが2020年は新型コロナウイルスにより仕事のあり方が大きく変化しました。その代表がテレワークです。出勤日数を減らし，その分は在宅勤務，自宅で会議もするようになりました。そんなとき，うっかりすると生活感あふれるおひとりさまの部屋をご披露してしまうことに。布を張るなどうまく空間を仕切られればよいですが，可能なら仕事専用のもう一部屋が欲しいところです。

　また私の周りには趣味を楽しむおひとりさまが沢山います。山やアウトドアの道具を揃えている方，釣り道具を山ほど持っている方，楽器演奏をする方など，みなさんその収納場所に困っていて「もう少し広ければ」といいます。理想はやはりワンルームではなく，専用の趣味の部屋を設けられる物件でしょう。しかし，おひとりさまのニーズに合う家はなかなかありません。

　学生さん向けのワンルームでは手狭だし，家族を想定した間取りは広すぎるのです。

　国立社会保障・人口問題研究所「日本の世帯数の将来推計（全国推計）」（平成31年推計）によると，全国の単独世帯割合は2015年の34.5％から2040年には39.3％になると予測しています。この結果を受けて，近年は「学生さんよりもう少し広いおひとりさま向け物件」も増えて来ているようです。

Ⅱ-1-4 賃貸と持ち家

　さて，理想の住宅環境と居住空間の次は「賃貸か持ち家か」になりますが，おひとりさまの住まいの実際はどうなっているのでしょうか。新日鉄興和不動産の調査研究組織「＋ONE LIFE LAB（プラスワンライフラボ）」から一都三

県に住む20～69歳の単身男女3,991名を対象に行われたアンケートが発表されています（2017.7.28掲載）。

図表PARTⅡ－1－2　おひとりさまの住まいの状況

	全体	20代	30代	40代	50代	60代
賃貸（戸建）	2.5%	15.0%	21.4%	11.2%	8.7%	1.0%
賃貸（マンション・アパート）	41.5%	23.3%	18.9%	27.7%	33.5%	30.6%
持ち家（戸建）	25.6%	8.7%	9.2%	14.6%	17.5%	29.1%
持ち家（分譲マンション）	13.7%	2.9%	2.4%	1.0%	1.0%	1.0%
実　　　家	13.0%	45.1%	44.7%	42.7%	35.0%	32.5%
社宅／寮	2.7%	4.9%	2.4%	1.0%	1.0%	1.0%
そ　の　他	1.0%	0.0%	1.0%	1.0%	1.0%	3.9%

　賃貸派は戸建とマンション・アパートを足して44％，持ち家派は戸建とマンションを足して39.3％と若干賃貸派が多いものの，大体同じといえるでしょう。また，アンケートでは賃貸派と持ち家派にそれぞれ理由も聞いています。そのうちのトップ3を紹介します。

図表PARTⅡ－1－3　持ち家派と賃貸派の理由

持ち家派	賃貸派
1　家賃の支払いがもったいない。	1　金銭的に余裕がない，返済に不安。
2　老後の備えとして。	2　将来のプランが決まっていない。
3　資産として持ちたいため。	3　購入後の資産価値の低下が不安。

　こうしてみると，持ち家派は自宅をはっきり「**資産**」と認識し，賃貸派は将来への不安が理由であるとわかります。いまこの本を読んでいるおひとりさまはどちらでしょうか。また今後はどのようにお考えでしょうか。この点についてはPARTⅡ－3以降でお話しします。

PART Ⅱ-2　これからの職場と住環境

Ⅱ-2-1　テレワークってなに？

　2020年は新型コロナウイルスの世界的蔓延により，わが国でもリモートワーク，テレワークが急速に普及しました。まずは「いまさら聞けない基礎知識」として，この二つの違いについてお話しします。

　「**リモートワーク（remotework）**」とは，「remote＝遠い，遠隔」と「work＝働く」が合わさった造語，「**テレワーク（telework）**」は「tele＝離れた場所」と「work＝働く」を組み合わせた造語です。前者は「遠くで働く」後者は「離れたところで働く」という意味で，ほぼ同じといえるでしょう。わが国においては，厚生労働省が「テレワーク」という表現を採用しています。

　「テレワーク総合ポータルサイト（厚生労働省）」によると，**テレワーク**とは2016年に政府が掲げた「働き方改革」の一つで，「**ICT**（Information and Communication Technology）を活用し，時間や場所を有効に活用できる柔軟な働き方」と定義されていて「**在宅勤務**」「**モバイルワーク**」「**サテライトオフィス勤務**」の3つに分類されています。

1　在宅勤務

　オフィスに出勤しないで自宅を就業場所とする勤務形態です。出勤，顧客訪問，会議等で外出することなく全ての業務を自宅で行うため通勤の負担がなくなるほか予定外の業務による仕事の中断もなく，時間を有効に使えます。

2　モバイルワーク

　交通機関など移動中や訪問先，カフェなどを就業場所とする勤務形態です。営業職などオフィス外での業務が多い方に有効。様々な場所で効率的に業務を行うことで移動時間を削減できるため，生産性向上の効果があります。

3　サテライトオフィス勤務

　所属する会社以外のオフィスや施設を利用する勤務形態です。顧客先に近い施設を使うことで迅速な対応ができ，移動時間削減により業務も効率化できます。また，施設が社員の自宅近くにある場合そこにテレワーク専用スペースを設けることで，通勤が困難な人材も活用できます。

Ⅱ-2-2　在宅勤務のメリット・デメリット

　テレワークの中でも，在宅勤務はコロナ禍により一気に広まりました。私の友人にも「出社日数を半分にし，半分は在宅勤務」という方が結構います。ここでは在宅勤務のメリット・デメリットを紹介します。

図表PARTⅡ-2-1　在宅勤務のメリット

通勤時間がなくなる	人によっては往復の通勤時間が数時間という人も。通勤ラッシュのストレスは体力を消耗します。それがゼロになるメリットは計り知れません。余った時間をプライベートや業務，さらには副業にまわすことで仕事の効率化や収入増につながります。
業務効率や生産性が上がる	自宅で一人で仕事をするため業務に集中できます。来客の対応や予定外の作業などで仕事を中断することもなくなるため業務効率や生産性の向上が可能になります。
もしものときに威力を発揮	災害時や家庭の事情などで通勤が困難な場合でも自宅で作業できるため業務への影響を抑えることができます。
介護や育児と両立できる	家族の介護をしていたり，子供がいる場合などは急な病気への対応も必要になります。在宅勤務ならばそんな事態にもすぐ対応でき，業務への支障も最小限に抑えられます。
人間関係の煩わしさがない	仕事を辞める理由で近年増えているのが人間関係ですが在宅勤務であれば人間関係の煩わしさは少なくなります。
仕事の時間が自由になる	いつまでに何をするという内容と結果が決められていてその過程は自由というような場合，作業時間を夜に集中させるなど仕事の時間を柔軟に決めることができます。

図表PARTⅡ-2-2　在宅勤務のデメリット

オンオフの切り替えが難しい	ついだらだらと過ごしてしまうなど仕事とプライベートの境界が曖昧になり，メリハリのない生活になりがちです。
コミュニケーションがとりづらい	ちょっとした質問や相談が出来ないのが難点。また，同じプロジェクトメンバーの状況が把握しづらく，進行に支障の出る可能性もあることなどが挙げられます。
正当な評価を受けられない場合も	結果のみで評価され，その過程や努力が評価されない場合もあります。その結果，同じような仕事しかさせてもらえないという事態にはまる可能性もあります。
自己管理できない人は難しい	自宅で一人のため，怠けていても誰からも注意されません。テレビやペットという誘惑もあります。

Ⅱ-2-3　住環境の設計と選択

　このように「通勤ラッシュから解放される」「自宅で仕事ができる」などメリットも多い反面，デメリットもあるのが在宅勤務です。大切なのは家の労働環境の整備。コタツに座椅子ではなく机やイスを揃え，プライベートと切り分けた専用のスペースも欲しいところです。政府の後押しもあり，在宅勤務は今後さらに増えていくと思われます。そのためには都心のワンルームではなく，ちょっと郊外でも複数の部屋のある物件が必要になるかもしれません。また，機材や設備も同様です。在宅勤務での業務効率を向上させるためにはどのようなものが必要でしょうか。

ほぼ必ず必要になるもの

電気代，通信費，印刷費用，イス，光熱費（冷暖房）など。

　電気代や通信費はもちろんですが，印刷費用はコンビニ等でプリントアウトする場合を想定しました。あと，長時間座るイスは健康にも影響を与えます。シンプルな丸椅子などではなくある程度のものは欲しいところです。

あるといいもの

デスクトップのパソコン，プリンター，高速で安定した通信回線，ウェブ
会議用のヘッドセットマイク，照明など。

使い慣れたものであればノートパソコンでも構わないと思います。印刷もプ
リンターがあればコンビニへ出かける時間も省けます。また通信環境も良いに
越したことはありません。どうしても現実のやりとりとは温度差があるので，
スムーズなコミュニケーションのためにこれらの道具は必要でしょう。

Ⅱ-2-4 ∣ 副業のススメ

　2016年からの働き方改革の一環で政府は現在，副業を推奨しています。2017
年11月に厚生労働省は有識者検討会に提示した「モデル就業規則」を改訂し，
労働者の遵守項目「許可なく他の会社等の業務に従事しないこと」という規定
を削除しました。そして2018年1月，同じく厚生労働省が「副業・兼業の促進
に関するガイドライン」を発表したことで，2018年は「副業元年」といわれて
います。今後，テレワークがさらに推進されて自由に使える時間が増えれば，
副業する方も増えていくと思われます。

　企業としても，優秀な人材を採用できる可能性が高まる，離職率が低下する，
労働力不足の解消になるなど様々なメリットがありますが，働き手側であるお
ひとりさまにもこれはチャンスといえるのではないでしょうか。

　収入の増加はもちろんですが，現在の職場を辞めずに別の仕事に就くことで
1社では経験できなかったスキルや実績を得ることもできます。先行きが不透
明なこの時代，複数の収入源を持ち，スキルを磨くことは人生のリスク対策に
なります。また，やりたい仕事をすることはおひとりさま自身の自己実現にも
つながるうえ，今後のキャリアプランの選択肢の幅も広がります。

PART II－3　買うか借りるか（賃貸と購入）

II－3－1　賃貸の場合にかかる費用

　いま，おひとりさまの住んでいる家は賃貸でしょうか，持ち家でしょうか？
住宅の購入は「人生最大の買い物」といわれます。一括でなくローンを組むと
しても頭金にはそれなりのまとまったお金が必要になります。「賃貸の方が気
楽でいいや」という方もいますが，実際はどうなのでしょう。この節では賃貸
と購入を比較し，それぞれのメリット，デメリットを見ていきます。

　まず賃貸の場合にかかる費用を挙げてみます。生活費や光熱費といった持ち
家でも同じようにかかる費用ではなく，賃貸の場合にのみかかる費用です。

図表PART II－3－1　賃貸の場合にかかる費用

家　　　　賃	借りているかぎり毎月支払います。
管理費，共益費	家賃とともに支払います。
駐車，駐輪代	車やバイク，自転車等をもつ方は家賃とは別に支払います。
更　新　料	ほとんどの場合2年ごとに更新料がかかります。

　物件によっては家賃に共益費が含まれるなど，多少の差はあるかもしれませ
んが大体こんなところでしょうか。なお修繕費ですが，エアコンなどの設備故
障の原因が経年劣化によるものであればオーナーさんの支払いになりますので
ほとんどかかりません。

II－3－2　持ち家の場合にかかる費用

　では，持ち家の場合にはどんな費用がかかるでしょうか。

図表PART Ⅱ-3-2　持ち家の場合にかかる費用

住 宅 ロ ー ン の 返 済	完済まで毎月支払います。
固定資産税，都市計画税	一括と分割の支払い方法が選べます。
管 理 費， 共 益 費	賃貸の場合と同様に支払います。
駐 車， 駐 輪 代	車やバイク，自転車等をもつ方は支払います。
修 繕 積 立 金	賃貸と分譲マンションではここが違います。

管理費，共益費は入口・エレベータ・廊下や通路の電灯など，共用部分の維持管理にかかる費用を居住者で負担するものなので，賃貸・持ち家どちらの場合でも等しく支払います。ただ，同じ持ち家でもマンションではなく一戸建てであればこの費用はかかりません。駐車，駐輪代も同様です。賃貸と持ち家の大きな違いは**固定資産税，都市計画税**と**修繕積立金**です。

Ⅱ-3-3 賃貸と持ち家どっちが有利？

　当然ですが，賃貸でも持ち家でも居住のための費用は生きているかぎり生涯かかります。賃貸と持ち家ではどちらが有利なのでしょうか。ここでは賃貸と持ち家（マンション）のメリット・デメリットを見ていきましょう。

1　賃貸のメリット

　賃貸のメリットはその身軽さにあります。住んでいる場所に飽きたり，生活費がピンチになったときは安い物件に移るなど簡単に引っ越すことができます。また，何年か住んで建物が古くなったら，ピカピカの新物件に住み替えることもできます。そして，給湯器や冷暖房機など設備の交換や修理の負担が少なく，災害等で被災したときの修繕費用もオーナーさん持ちです。

---

①　引っ越しが簡単にできる。

②　収入の変化に合わせて住居を変えられる。

③　設備の故障や老朽化でかかる修理費用の負担が少ない。

---

2 賃貸のデメリット

　賃貸物件の設備やプランはオーナーさん次第です。コンセントが少ない，ブレーカーがすぐに落ちる，ネット環境が整っていないといったことがあっても勝手に変えることはできません。壁紙を変えたりするのも原則不可，厳しいところでは画鋲もダメというところもあります。高齢になったとき，バリアフリー化などのリフォームも勝手にはできません。

　また退職後の不安もあります。近年，老人の孤独死が問題になっていることもあり，更新の際に保証人を求められるケースが増えています。頼める人がいない場合，賃貸契約の更新を断られることもあります。そして一番の問題は家賃。住宅ローンは完済すればそれで終わりですが，家賃は生きているかぎりずっと払い続けなければなりません。

---

　① 設備やプランは自分で決められない。

　② 勝手にリフォームできない。

　③ 高齢になったとき，契約更新を断られることもある。

　④ 家賃の支払いは生きているかぎり続く。

---

3 持ち家のメリット

　賃貸物件はオーナーさん側がコストを抑えたいため，持ち家と比べると設備やプランのグレードがどうしても見劣りします。これに対して持ち家ならば予算に合わせて内装やキッチンを何種類もある中から選べる物件もあるうえリフォームも自由です。そして住宅ローンの返済が終われば住居費の負担が軽くなるので老後の生活のやりくりが楽になります。

---

　① 賃貸に比べて設備やプランのグレードを高くできる。

　② 設備の交換や間取りの変更などリフォームが自由。

　③ 住宅ローンの返済が終われば住居費の負担が軽くなる。

---

4 持ち家のデメリット

　住宅ローンを組んで家を購入すると，賃貸のように簡単に引っ越しできなく

なります。転勤で引っ越しするときなどは売却か，人に貸すという方法もありますが確定申告が必要になるなど，手間も経費もかかります。また完済まで毎月ローンを返済しなければならないので，収入が減ったときでも住居費を減らせないというデメリットも。さらには家や設備が損傷したときは地震保険や自己負担での修理が必要になるうえ，経年劣化による家の補修や設備の交換にもお金がかかります。あと，固定資産税・都市計画税を毎年払うこと，マンションの場合は管理費や修繕積立金等もかかります。

---

① 賃貸のように簡単に引越しできない。
② 収入が減ったときでも住居費を下げられない。
③ 被災したときや，長く住むためにはメンテナンスが必要。
④ 固定資産税，都市計画税を毎年支払う。
⑤ マンションの場合は管理費や修繕積立金が必要。

　賃貸でも持ち家でも住居費は常にかかり，トータルでもそれほど大きな差は無いようです。どちらもメリット・デメリットありますので，おひとりさまのライフスタイルに合わせて選ぶとよいと思います。とはいえ個人的に判定を下すとすれば，やはり「持ち家」に軍配が上がります。賃貸で支払った家賃は資産を生みませんが，購入した場合は買った家が資産として残ります。老後になり，そろそろ施設に入ろうかというようなとき，いざとなれば家を売却してその資金に充てることも可能です。

Ⅱ-3-4 ▪ 一戸建てかマンションか？

　一戸建てもマンションも，長い年月のうちに建物が劣化するのは同じですが一般的にはマンションの方が寿命が長いといわれています。税法上でもマンションの耐用年数は鉄筋コンクリート造で47年，対して一戸建ては木造住宅ならば22年です。とはいえ一戸建てでも「長期優良住宅」の認定を受けたものであれば100年程度の寿命が見込まれるものもあります。

耐震性能については1981年に建築基準法が改正され，一戸建てもマンションも震度6〜7の揺れに耐えられる構造であることが義務付けられているので差はないといえるでしょう。なお，近年の新築マンションのなかには，災害に備えて食料や機材等の備蓄庫が設置されている物件もあります。

　立地的にみると，一般的にマンションは通勤や買い物など利便性の高い駅の近くに，一戸建ては静かで落ち着いた環境を求めて少し離れたところに建てられる傾向があります。

　日常の清掃やメンテナンスについては，一戸建てはおひとりさま自身が行うのに対し，マンションは管理費でまかなわれるためその必要がありません。またマンションはゴミ集積所があり24時間いつでもゴミ出しできるのに対し，一戸建ては決められた日時に決められた場所に出さなければなりません。

　建物の構造もマンションはエレベータのおかげで階段の上り下りがなく，段差も少ないのでお年寄りにも安心。一戸建てはどうしても段差が多く，高齢になったときの肉体への負担は避けられません。

　セキュリティについては一般的にはマンションの方がオートロック，警備員の巡回などの点で優れているといえます。一戸建てにもホームセキュリティなどありますが，もしものときの迅速性ではマンションにはかないません。

　また一戸建ては出かけるときが大変です。全ての窓にカギをかけ，雨戸を閉め，勝手口，玄関の戸締りをする。マンションならばドアのカギだけです。

　以上の点から筆者としては，マンションに軍配を上げたいと思います。

PART II-4 新築物件と中古物件

II-4-1 新築物件のメリット・デメリット

　前節でマンション購入という方向に軍配を上げましたが，いざ購入となると今度は「新築物件か？中古物件か？」という問題が出てきます。

　ここではそれぞれのメリット・デメリットを検討していきます。

図表PART II-4-1　新築物件のメリット・デメリット

	メリット	デメリット
立　　地	近年の駅前の再開発や建て替えなどで比較的駅近くの物件が多い。	数に限りがあるため希望している場所に物件があるとはかぎらない。
検　討　時	間取りなどのバリエーションが豊富。キッチンなど設備のオプション選択肢もある。	モデルルーム等のため事前に実際の建物や室内，日当たりや眺望を確認できないことが多い。
構造・設備	躯体構造や設備は最新のものが導入されているのがほとんど。	とくになし。
安　　全	警備員巡回やオートロックがある。監視カメラも最新。	とくになし。
価　　格	購入の際の諸費用は一般に物件価格の５％程度。	中古に比べるとどうしても価格が高くなる。
税　　金	不動産取得税・固定資産税の軽減措置，住宅ローン控除がある。	購入の際，消費税がかかる。
組　　合	比較的近い年代がみんな一緒にスタートするのでなじみやすい。	ゼロからスタートなので軌道に乗るまでが大変。
管　理　等	中古に比べて管理費や修繕積立金が比較的安い。	管理状態が未知数。

中古物件のメリット・デメリット

では，中古物件はどうでしょうか。新築物件の場合と比較してみて下さい。

図表PARTⅡ-4-2　中古物件のメリット・デメリット

	メリット	デメリット
立　　地	新築に比べ物件数が多いため希望のエリアから選べる可能性が高い。	必ずしも希望するエリアに売り出し物件があるとはかぎらない。
検　討　時	事前に実際の建物や室内，日当たりや眺望を確認できるため，入居後のイメージがしやすい。	希望通りの間取りや内装の物件が売りに出ているとはかぎらない。
構造・設備	新築物件に比べて相対的に価格が安いためリフォームにお金を回せる。	経過年数によっては躯体構造の劣化が心配。構造の仕様によってはリフォームに制約があることも。
安　　全	管理組合等がうまく機能していれば住民同士の見守りが期待できる。	オートロックがなかったり，監視カメラも旧式のままであることも。
価　　格	新築物件に比べると価格は安くなることが多い。購入後の価格下落の幅が小さい。	新築物件にはない仲介手数料などがある。購入時の諸費用は物件価格の5％〜8％程度になる。
税　　金	不動産取得税の軽減措置，住宅ローン控除がある。売主が個人のときは消費税はかからない。	新築物件に対する固定資産税の軽減措置は受けられない。
組　　合	既存の組合があるため全体の状況が事前につかめる。	転校生状態のため，とけこむまでに時間がかかる場合もある。
管　理　等	事前に管理状態を知ることができる。	築年数が長い物件は修繕積立金が高くなる傾向にある。

　新築物件も中古物件もメリット・デメリットあります。あとは買いたいときに買いたいエリアにどんな物件が出ているかのタイミングや，購入するおひとりさまの予算によります。とはいえ判定するなら，やはり新築に軍配を上げます。たとえば地震対策。1981年に建築基準法が改正されてからのちの阪神淡路大震災，東日本大震災の経験を踏まえ，耐震構造，免震構造などの建築技術は

どんどん進歩しています。やはり最新の工法や技術で作られた「より新しい物件」の方が安心できます。また，これから数十年住むことを考え，建物の長持ち度を考慮しても新築物件の方がよいでしょう。

Ⅱ-4-3 マンション管理組合

マンション管理組合とは区分所有者全員で構成される組織です。そのため購入したら必ず管理組合に加入しなければなりません。そして建物，敷地，付属設備等の管理を住人が共同で行います。この管理業務を円滑に行うため一般的には役員が選出され，理事長や理事，監事などは管理組合の総会で選出され，管理組合の意思決定はこの総会で行われます。

マンションによっては役員の方々がエネルギッシュに活動しているところもあれば，管理会社にほとんどの業務を委託して追認するだけというところもあります。仕事も忙しいし面倒くさい，出来れば関わりたくないという方は沢山います。しかしどうでしょうか，マンションは「人生最大の買い物」でゲットした大切な財産です。日常管理がおろそかなマンションは美観を損ね，居住性も資産価値も下がります。少しでもキレイに，少しでも住みよく，少しでも長持ちさせるために管理活動はとても大切なものなのです。

区分所有者であるおひとりさまはマンション管理組合の総会において議決権を行使できる立場ですから居住性の向上や資産価値を高めるための施策を実行させることもできるのです。そして何より注意したいのが管理組合の財政状態をしっかり把握すること。支払った管理費は，共用部分をはじめ様々な設備の維持管理に適切に使われているか，修繕積立金はどこの修理にいくら使われるのか。他人事ではないのです。自分の財産を守り，維持し，その価値を高める。もしも管理組合の運営が脆弱であると感じたときは，おひとりさま自ら積極的に運営に関わっていく必要があります。

Ⅱ-4-4 持ち家と町内会

　ここまでマンション購入を想定してすすめてきましたが，一戸建てを購入するおひとりさまのために**町内会**についてもお話しします。

　マンション管理組合はその物件に住む人を対象とする組織ですが，町内会はその地域に住む人を対象とする組織で，地域の防災，防犯，環境美化，福祉，親睦など，地域コミュニティを活性化し，安全な住みよい町をつくるために活動する任意団体です。行政組織ではありませんが，地域へのきめ細かな活動は行政の手が行き渡らないところを担っている面もあり，行政も「まちづくり」において町内会の活動が不可欠であると考えています。

　地域によりますがパトロールや小学生の登下校時の「見守り隊」，イベントとしては「納涼夏祭り」など，筆者の地域ではほかにも「大晦日のカウントダウン」，年末年始の「火の用心見回り」など賑やかに活動しています。

　また，災害時には町内会は市区町村や消防・警察と連携して避難所の運営や炊き出し，災害備蓄品の配布なども行います。

　マンション管理組合と同じく「面倒くさい」「仕事が忙しい」などで参加することを避ける方が多いうえ，近年は人間関係の希薄化もあり町内会の存在意義が疑問視されることもあるようですが，町内会に入る最大のメリットは「防犯・防災」にあるといえます。普段からの交流を通じて地域で顔の見える関係ができていればこそ，災害時に「○○さんがいないけど大丈夫かな？」と助け合えるのです。繰り返しになりますが，「**人生最大の買い物**」である家。マンションでも一戸建てでも，その場所に，その地域に，少しでも快適に，長く生活するために自分はどうすればよいか，考えてみて下さい。

PART II-5 金利の基礎知識

II-5-1 金利, 利回り, 利子, 利息

　さて，PART II－3で「賃貸か購入なら購入」「購入するならマンション」，PART II－4で「新築か中古かなら新築」とお話ししました。次のPART II－6から住宅ローンのお話をしますがその前にここでは「金利の基礎知識」を勉強しましょう。似たような用語に金利，利回り，利子，利息がありますが，それぞれいったいどのようなものなのでしょうか。以下，紹介していきます。

図表PART II－5－1　金利，利回り，利子，利息の意味と内容

金　　　利	お金を借りる側が，借りたお金に追加して支払う金額の割合のこと。住宅ローンを借りるとき，金利は借入金額，返済期間とともに返済金額に大きく関わります。
利　回　り	投資した金額に対する利益全体の割合を一定期間当たりの平均で示すもの。通常「利回り」というと1年間の利回りを指しています。
利　　　子	お金を借りる側が貸主側に，元金に追加して支払うお金のこと。利子は，貸し借りした金額に金利をかけて計算します。
利　　　息	お金を貸した側が，元金に追加して受け取るお金のこと。身近な例では例えば，銀行にお金を預けると期間に応じてもらえるものが利息です。

　これら4つの違いのポイントは「割合と金額」です。「金利」と「利回り」は割合を指し，「利子」と「利息」は金額を指します。

　また，厳密に使い分けられているわけではありませんが，「利子」はお金を借りた場合に支払う金額，「利息」はお金を貸した場合に受け取る金額と覚えるとよいでしょう。しかし，一般的には「支払利息」「借入利息」のような使い方もされていてあまり区別はされていないようです。

II-5-2 固定金利と変動金利

　では，金利についてもう少し詳しくお話ししましょう。たとえば銀行に100万円預金していて，1年後に101万円になったとします。この場合，100万円に対して1万円の利息が増えているので金利は年率1％になります。利率は次のようにして計算されます。

利率＝1年あたりの利息／元金×100％

　金利と利率はほぼ同じといってよいでしょう。金利はその額よりも割合（％）で表されることが多いです。ちなみに，元金に対して年間で何％の利息が付くかを「**年利**」，月間での場合を「**月利**」，一日の場合を「**日歩**」といいます。

図表PART II-5-2　年利，月利，日歩の意味と内容

年利（ねんり）	元金に対する1年間の利息の割合を示したもの，％で表示。
月利（げつり）	元金に対する1か月の利息の割合を示したもの，％で表示。
日歩（ひ ぶ）	元金に対する1日当たりの利息の額で○銭○厘と表示。

1　固定金利

　契約した時点から金利がずっと一定なのが**固定金利**で，「**全期間固定金利型**」と「**固定金利期間選択型**」に分けられます。前者は，借りてから返済が完了するまで金利は変わりません。後者の場合は5年間や10年間のように期間を選び，その期間内は固定金利ですが，期間が経過したら変動金利にしたり，固定金利を続けるといった選択ができます。

2　変動金利

　一定期間ごとに金利が変動するのが**変動金利**です。住宅ローンの場合，一般的には5年ごとに金利が変更されます。その金利は「銀行の銀行」である日本銀行が決めている政策金利の影響を受けます。

図表PART Ⅱ－5－3　固定金利と変動金利のメリット・デメリット

	メリット	デメリット
固定金利	・　金利が固定されているので返済のプランを立てやすい。 ・　市場金利が上がっても返済額は変わらない。	・　変動金利に比べて金利は高めになる。 ・　後で低金利になったときは返済額が多くなってしまう。
変動金利	・　固定金利に比べて金利は低めになる。 ・　低金利時代であれば返済する額を抑えられる。	・　金利が変動するため返済のプランが立てにくい。 ・　後で金利が上がったときは返済額が増えてしまう。

　こうしてみると固定金利より変動金利の方が，金利が低く設定されているためお得に見えます。しかし，のちの政策金利によっては変動金利の方が高くなってしまうのではという不安がつきまといます。

Ⅱ-5-3　ローンってなに？

　いま，この本を読んでいるおひとりさまは毎月のお給料など収入をやりくりして必要なものを購入したり，貯蓄をして将来に備えたりしていると思いますが，蓄えたお金だけではその支払に不足したり間に合わない場合があります。

　そんな時にお金を借りるのが「**ローン**」で，一般的には銀行あるいは親族や知人，職場等から借りて，その後毎月少しずつ返済していく方法です。すでに何度もお話ししましたが，住宅購入は「人生最大の買い物」です。そのためには非日常的な額のお金が必要で，その金額を貯めようと思ったら20年，30年という長い期間が必要になります。そこでお金を借りて，先に土地や建物を購入し，毎月のお給料から長期間かけて返済していく「**住宅ローン**」を利用するというわけです。

　銀行でローンを組む場合，銀行はあらかじめ決められた利率を提示します。そのとき参考になるのが貸出期間の長さ，担保の有無，使途などですが，期間は短いものより長いもの，担保が必要なものより不要なもの，使途が限定され

ているものより自由なものの方が利率は高くなります。利息の計算方法についても触れておきましょう。住宅ローンの借入利息の計算は次の計算式で求められます。

借入利息額＝元金×利率×借入期間

しかしローン返済の場合，毎月の返済によって元金は減っていきます。正確には，

借入利息額＝借入残高×利率×借入期間

となります。このように借入残高を基準にして借入利息を計算する方法を「**残債方式**」といい，この方法で借入利息を計算することを前提として表示された年利率を「**実質年率**」といいます。

これに対し，当初借り入れた元金が減少しないと仮定して利息を計算する方法を「**アドオン方式**」と呼びます。この方法は毎月の返済額や返済総額が簡単に計算できるという利点はあるのですが，実際（実質）の年利よりかなり低いとの誤解を生じやすいため，割賦販売法ではアドオン金利の表示を禁止し，実質年利の表示を義務付けています。興味のある方は調べてみるとよいでしょう。

Ⅱ-5-4 住宅ローンの金利

住宅ローンの金利は金融機関や商品によって異なります。また，返済期間や頭金の金額によっても変動することがあります。しかし住宅ローンの金利は，そのローンの使用目的が限定されており審査が厳しいことなどもあるため，ほかのマイカーローンなどに比べると金利は低くなります。そして住宅ローンの金利には大きく分けて「**固定金利型**」「**変動金利型**」「**固定金利期間選択型**」の3つのタイプがあります。それぞれを見ていきましょう。

1 変動金利型

一定期間ごとに適用金利を見直すため，借入期間中に金利が変動する住宅

ローンです。見直し時の市場金利が下がれば住宅ローンの金利も下がります。一般的に変動金利型の住宅ローンは固定金利型に比べて金利が低いというメリットがありますがその反面，借入時点では返済額が確定せず，返済期間中に金利が上がると返済額が増える可能性もあります。

2 固定金利型

借入当初の金利が完済までの全期間変動しない住宅ローンです。借入時点で最後の返済額までが確定するため返済計画を立てやすいというメリットがあります。ただし他の二つに比べて借入時点での金利は高い傾向にあります。

3 固定金利期間選択型

変動金利型の一種で，借入後の一定期間は適用金利が固定されていますが，その期間が終了すると自動的に変動金利に変更されるか，再度固定金利を選択できるという住宅ローンです。一般的に固定期間が長いほど適用される金利は高くなる傾向があります。

図表PARTⅡ－5－4　住宅ローンの金利タイプのメリット・デメリット

	メリット	デメリット
変動金利型	固定金利に比べて金利が安い。	返済期間中に金利が上がると返済額が増えてしまう。
固定金利型	借入の時点で完済までの返済額が確定できる。	変動金利型に比べて金利が高くなる。
固定金利期間選択型	固定金利期間中は返済額が確定できる。	借入の時点では固定金利期間終了後の返済額が確定できない。

金利タイプの違いは返済額やその後の返済計画に大きく影響します。事前に毎月の返済額や総返済額がどれくらいになるかシミュレーションしてみることをおすすめします。パソコンでもできますし，街中の不動産業者を訪ねてみるのも一案です。メリット，デメリットをよく理解したうえで，おひとりさま自身に合ったタイプを選んでください。

住宅ローンの仕組み

II-6-1 住宅ローンとは

おひとりさまが居住用のマンションや一戸建てを購入した際に，金融機関から借入をして返済ローンを組んだときには「**住宅借入金等特別控除（以後住宅ローンとする）**」を受けることが出来ます。お勤めの方であれば最初の年だけ確定申告が必要になります。2年目以降は会社の年末調整でこの控除を受けることになりますので申告の必要はありません。なお，この住宅ローン控除を受けるには以下の条件を満たす必要があります。

住宅ローン控除を受けるための条件

① その住宅の床面積は，登記事項証明書（登記簿）上の面積で50㎡以上であり，その2分の1以上が居住用である。

② 購入してから6ヶ月以内に入居し，その年の年末まで引き続き住んでいる。

③ 購入のために受けた融資は返済期間が10年以上のものである。

④ 自己の配偶者や生計を一にする親族等から買った住宅ではない。

⑤ 購入した年の合計所得金額は3,000万円以下である。

⑥ 入居した年の前後2年ずつの5年間に，居住用財産を譲渡した場合の軽減税率の特例，3,000万円特別控除，買換特例やその他の特例を受けていないこと。

⑦ その融資は親族や知人からの借入，無利子や0.2%未満のものではない。

⑧ 民間の金融機関，独立行政法人住宅金融支援機構，勤務先などからの借入金や，独立行政法人都市再生機構，地方住宅供給公社，建設業者な

どに対する債務であること。

　最初の条件の「２分の１以上の面積が居住用」というのは，店舗兼住宅で１階が店舗，上の階は居住用というような場合を想定したものです。ここで問題なのは床面積が50㎡以上であることという点。都市部のワンルームマンションではとてもこの条件は満たせません。少し離れた，郊外の広めの物件であれば適用できるかと思います。ちなみに適用される期間のスタートですが，「いつ購入したか」ではなく，「いつ入居したか」で判断されます。確定申告の際にとくに添付書類とされてはいませんが，転入届や住民票などを保存しておくとよいでしょう。またローンを組む際，他にも借入をしている場合などは審査が通りにくくなることがあります。日常生活での借入は極力しないことをすすめます。

Ⅱ-6-2 ｜ 元利均等返済

　おひとりさまが住宅を購入する際にローンを組んで返済するとき，ぜひ知っておきたいのが「元利均等返済」と「元金均等返済」です。**元利均等返済**は，毎月の返済額（元金＋金利）が常に同じ金額になります。つまり最初に返済する金額も10年後に返済する金額も同じ金額になるということです。

　ということは，返済当初は借入残高が大きいため，利息として支払う金額の割合が大きく，元金の返済分の割合が小さくなります。そのため元金の減り方が遅くなります。毎月の返済額が変わらないということで将来の家計収支の計算がしやすいというメリットはありますが，ローンの総返済額は次にお話する元金均等返済よりも多くなるというデメリットがあります。総返済金額が増えることに不安のある場合には，自己資金に余裕のある時やボーナスの出たときなどに繰り上げ返済をすることで元金を減らし，毎月の返済額を減らすことも出来ます。

図表PART Ⅱ－6－1　元利均等返済のメリット・デメリット

メリット	デメリット
・　返済額（元金＋利息）が一定のため返済計画が立てやすい。 ・　元金均等返済に比べて返済開始当初の負担を抑えられる。	・　借入期間が同じ場合，元金均等返済よりも総返済額が多くなる。 ・　借入金残高の減り方が遅い。

Ⅱ－6－3　元金均等返済

　元金均等返済とは，住宅ローンの元金を返済期間で均等に割り，そこへ残高に応じた利息を足した金額を支払う返済方法です。毎月の返済金額（元金＋利息）は，元金部分の残高に対応した利息が上乗せされるので，支払いが進むほど残高は減り利息額も小さくなっていきます。返済開始当初の額が一番高く，将来の返済額は少なくなっていくのが元金均等返済の特徴です。

　元利均等返済と比べると最初に支払う金額の負担は大きいですが，その一方で元金部分の減り方は早く，総支払金額も元金均等返済の方が少なくなります。自己資金の準備が出来ていて住宅ローンを組む方や，元金を早く返済して総返済額を抑えたい方におすすめの方法です。

　しかし，借入当初の返済負担が大きいため，審査基準の年収が高く設定されていたり，元金均等返済を扱っていない金融機関もあります。住宅ローンを検討する際は借入する金融機関がどちらの返済方法を扱っているか調べておくとよいでしょう。

図表PART Ⅱ－6－2　元金均等返済のメリット・デメリット

メリット	デメリット
・　返済額（元金＋利息）は返済が進むにつれて少なくなっていく。 ・　元金の減少が早いため借入期間が同じ場合，元利均等返済よりも総返済額は少なくなる。	返済開始当初の返済額が最も高いため負担が大きく，借入時に必要な収入も高くなります。

以上のように住宅ローンを実際に組むとなると，借入金額，返済期間，金利のほかに「返済方法」の選択も大切であることが判っていただけると思います。どちらの方法で行くか，それぞれのメリットとデメリットをご自身のライフスタイルに照らしてしっかり検討して下さい。

Ⅱ-6-4 こんな制度もある

　おひとりさまの住宅購入費を軽減する制度として住宅ローン制度を紹介してきましたが，ここでは国土交通省の取り扱う「すまい給付金」についてお話しします。

　近年においては消費税が2014年に５％から８％へ，2019年には８％から10％へと増税がありました。住宅購入は大きな金額になるのでこの違いは大きな負担になります。それを軽減するための制度としてこの「すまい給付金」が始まりました。2014年４月から2021年12月までに住宅の引き渡し，入居が完了した人が対象で，入居から１年間（当面は１年３カ月）のあいだ申請可能。マンションでも一戸建てでもオーケーです。

　住宅ローン控除は所得税の控除のため，所得の高い人が多く恩恵を受ける制度ですが，この「すまい給付金」は一定収入以下の人が対象となるためより多くの人がその恩恵を受けることが出来るうえ，住宅ローン控除と併用して受けることもできます。

対　象　者

① 購入した住宅は自分名義で実際に居住する。
② 収入が一定以下である。 　消費税８％の住宅の場合は収入510万円以下（目安）。 　消費税10%の住宅の場合は収入775万円以下（目安）。
③ 住宅ローンを利用して購入する。
④ 住宅ローンを利用しないで購入する場合は50歳以上。

⑤　2014年４月から2021年12月までに住宅の引き渡し，入居が完了している。

対象となる住宅

①　消費税率８％または10％が適用された住宅である。
②　床面積が50㎡以上である。
③　第三者の検査を受け，品質が担保されていることを証明できる。

　これらの条件をすべて満たす場合に申請が可能になります。

　ちなみに中古住宅を購入した場合も対象になりますが，その場合は売主が不動産会社であること，現行の耐震性能を満たしていることが必要になります。また，個人間取引の場合，消費税は課税されないので「すまい給付金」の対象にはなりません。

　なお，ここでいう「収入」は収入金額ではなく厳密には**都道府県民税**（住民税）の所得割額に基づきます。収入が同じでも家族構成等さまざまな条件により都道府県民税は変わるので注意して下さい。

　そして気になる給付金額ですが，2019年10月以前に引渡し，入居が済んでいる場合（消費税８％）は30万円，2019年10月以降（消費税10％）は50万円です。家具家電ならば，高級なものを望まなければ一揃い買えてしまえるくらいの金額です。せっかくのありがたい制度，心に留めておいてください。

　住宅購入というと，一般的には「住宅ローン→確定申告→税金」という図式がありがちですが，こちらは国税庁ではなく国土交通省の取り扱い。おひとりさまの知り合いで「家を買う」という方にそっと教えたら驚かれること請け合いの豆知識です。

住宅取得費用と税金

Ⅱ-7-1 購入時（住宅ローン税額控除）

　前節でも触れましたが，ローンを組んで居住用の物件を購入し居住を開始するとその翌年，おひとりさまは**確定申告**をします。納付の申告と違い還付の申告は義務ではないので面倒ならばしなくてもよいのですが「払った税金が戻ってくる」わけですから，かしこく生きるおひとりさまはぜひ確定申告して下さい。なお，**図表PARTⅡ－7－1**内の年限は執筆時点のものです。毎年の税制改正で変化するのでチェックして下さい。

図表PARTⅡ－7－1　住宅ローン控除の計算方法（適用期間は基本10年）

入居年月日	控除額の計算	
26.04.01～ 令和3.12.31 （消費税8％の 物件を購入）	**通常住宅の場合** 　4,000万円までのローン残高×1.0%（最高40万円）	
	認定長期優良住宅の場合 　5,000万円までのローン残高×1.0%（最高50万円）	
	東日本大震災の被災者の特例対象の場合 　5,000万円までのローン残高×1.2%（最高60万円）	
令和1.10.01～ 2.12.31 （消費税10％の 物件を購入）	10年間	上記と同じ計算…①
	3年間（合計 で13年間）	住宅（建物のみ）の取得価額×2％÷3…② ①と②の低い方の金額を控除できる。 この3年間は消費税の増税分に対応したもの。

　確定申告は5年が経過するまで申告可能です。そのため8％の時期の算式も掲載しました。この表からも判るように，基本的に控除額は次のようになります。

> **住宅ローン控除額＝年末借入金残高×１％**

　住宅の種類や価額，申告する人の状況にもよりますが，一般にはこの金額が
「**税額控除**」されます。ここで簡単に説明しますと，ふるさと納税の寄付や各
種保険料などは所得から差し引かれる項目です。所得からこれらを差し引いた
ものが**課税所得**となり，それに税率をかけて税額が出てきます。住宅ローン控
除は，この出てきた税額から直接差し引かれるものであり，所得控除に比べて
政策目的の強い控除項目となっています。なお住宅ローン控除の確定申告は最
初の一度だけです。申告を済ませると後日，税務署から必要年数分の申告書類
が送られてきますので，それをお勤めの会社の経理部か会計担当の方に渡せば，
あとは毎年の年末調整でやってもらえます。確定申告のとき必要な書類は以下
のとおりです。

確定申告時に必要な書類

① 　確定申告書Ａ様式→税務署で交付

② 　住宅借入金等特別控除額の計算明細書→税務署で交付

③ 　給与所得の源泉徴収票→勤務先で交付

④ 　ローンの年末残高証明書→銀行等金融機関で交付

⑤ 　登記事項証明書→法務局で交付

⑥ 　売買契約書または請負契約書の写し

⑦ 　住民票の写し→市町村で交付

　⑦の住民票は必ずしも必要ではありませんが，購入した物件にいつから居住
しているかの証明になりますし，PART Ⅱ－６でふれた「すまい給付金」の
必要書類でもあるので揃えた方がよいでしょう。

Ⅱ-7-2 ｜ 売　却　時

　新たに購入した居住用物件に入居する前，賃貸か所有いずれにしても住んで

いた家があります。ここでは持ち家から移られる方を想定してお話しします。

売却金額－（取得価額＋諸経費）－3,000万円＝売却益

　ご自身が住んでいた家を売却した場合，その売却益が3,000万円以下ならば所有期間の長短（５年超か５年以下か）に関わらず税金がかからない特例があります。また，所有期間が10年超であった場合，この3,000万円の特別控除に加え，**軽減税率**の適用が受けられます。譲渡所得6,000万円までの部分は通常15％の税率が10％に軽減されます。さらに居住期間10年以上，所有期間10年超の家を１億円以下で売却し，売った年の前年から３年以内にその売却代金で新たに居住用の家を購入した場合は税金がかからなくなる**買換特例**もあります。詳しいことは税理士などの専門家に聞くとよいでしょう。当然ですがその翌年には確定申告が必要になります。その時に必要な書類は以下のとおりです。

確定申告時に必要な書類

---

① 確定申告書Ｂ様式→税務署で交付

② 分離課税用の申告書→税務署で交付

③ 譲渡所得の内訳書→税務署で交付

④ 売買契約書（購入時と売却時のもの）

⑤ 登記事項証明書（売却時のもの）

⑥ 売却と購入のためにかかった費用の領収書

Ⅱ-7-3 購入時の諸費用

　家を買う時には，物件の価額以外にもさまざまな費用がかかります。引っ越しや家具家電の買い替えなど，思いのほか必要になることもあります。一般的には注文住宅や新築マンションの場合で物件価額の３％〜６％，中古住宅や新築一戸建て（建売住宅）の場合で６％〜９％くらいといわれていますが余裕をもって多めに用意しましょう。

図表PARTⅡ-7-2　物件購入にかかる費用

申込証拠金	新築マンション等で購入申込をするとき不動産会社に支払うお金。申込を撤回するときは返金され，契約する場合は手付金の一部になる。仲介会社が入る場合は必要ないケースがほとんど。
手付金	売買契約時に売主に支払うお金。代金の5％～10％程度が相場だが，売主と買主の合意で決まるためこれより高くなる場合もある。最終的には代金の一部になる。
印紙税	売主と取り交わす売買契約書に貼る印紙代。契約金額によって変わる。売買価額が1,000万円～5,000万円以下の場合は本則2万円。
仲介手数料	仲介会社を通して物件を購入したときにかかる費用。40万円を超える物件の仲介手数料の上限は「物件価額×3％＋6万円（税別）」。
不動産取得税	不動産を取得した際にかかる地方税。「固定資産税評価額×標準税率」で算出。また，一定の条件を満たせば税額軽減措置によりゼロになるケースも多い。
固定資産税・都市計画税	年の途中で不動産の引渡しがあった場合，その年の経過した分を日割して売主が払う税金を負担するというもの。こちらも一定の条件を満たせば税額軽減措置が適用される。目安は「固定資産税評価額×1／6×1.4％の日割金額」。
登録免許税	取得した物件が自分の所有物であることを公の帳簿である登記簿に記録するための費用。所有権保存登記，所有権移転登記，抵当権設定登記などがありそれぞれ一定の税率が定められている。
司法書士への報酬	上記の登記をするときは，司法書士に手続き代行を依頼することがほとんど。報酬額は登記の種類によって違う。

図表PARTⅡ-7-3　ローン契約にかかる費用

印紙税	ローン契約書に貼る印紙税。契約金額によって変わる。
融資事務手数料	住宅ローン契約時に金融機関に支払う手数料。一般には3～5万円，または借入金額の1％～3％程度。
ローン保証料	ローンの返済が滞った場合の備えとして支払うお金。毎月の金利に0.2％程度上乗せして支払うケースもある。目安は借入額の0.5％～2％程度。
物件調査手数料	融資を受ける際，融資基準を満たすか適合検査をする費用。目安は一戸建てで6～8万円程度，マンションで4～6万円程度。
火災保険料（及び地震保険料）	住宅ローン借入時には，ほとんどの金融機関が火災保険への加入を必須としている。地震に備えたい場合は別途，地震保険料が必要になる。

図表PART Ⅱ－7－4　その他の費用

修繕積立基金	新築マンションの引渡し時にかかる費用。将来の大規模修繕に備えたり，毎月徴収される修繕積立金の額を抑えたりすることが出来る。目安は20～40万円程度。
水道負担金	一戸建てを購入する場合など，新たに水道を利用する際に必要になる場合がある。必要かどうかや金額は自治体によって違う。
引越費用	現在住んでいる場所から取得した住居へ引越しするための費用。その間，仮住まいをした場合その費用も必要になる。
家具購入費用	新居に引越しする際には，家具や家電などを買い替えたり，新たに購入するケースがほとんど。

Ⅱ－7－4 | 購入後の諸費用

　このように，新居を購入する際にはさまざまな費用が発生しますが，購入後，住み始めてからもまだまだ費用がかかります。

1　住宅ローン返済

　住宅ローンの返済期間は35年が最長です。一般的には20年～35年の長期にわたり返済終了まで毎月支払いをしなければなりません。今から家計の管理をする習慣を身につけて下さい。返済は，毎月返済のほかにボーナス時加算の選択もあります。

2　住居の維持，管理にかかる費用

図表PARTⅡ－7－5　維持，管理にかかる費用

固定資産税・都市計画税	おひとりさまが所有する物件にかけられる地方税。毎年1月1日時点の所有者に4月に通知，6月に納付。納付方法は一括のほか分納も可能。
管理費	マンションの共用部分の清掃や設備の管理などに充てられる。物件や広さにもよるが，毎月1～2万円台が目安。
修繕積立金	マンションの大規模修繕に備えて毎月積立てるお金。積立金額が足りないと修繕時に一時金が必要になることもある。築年数の経過した古い物件だと高くなる傾向がある。
駐車場代など	車を所有していれば駐車場代が必要になる。バイクや自転車も同様に駐輪代がかかる。

災害対策

Ⅱ-8-1 ハザードマップの活用

　ハザードマップとは被害予測地図のことで，自然災害が発生したときの被害を予測し，その被害の範囲を地図に表したものです。被害の拡大範囲や程度，さらには避難経路や避難場所も記載されています。これにより災害発生時には迅速かつ的確な避難をすることができ，被害の低減，二次災害の回避に非常に有効なものです。ハザードマップは国土交通省からの発表，各地方自治体で配布されているほか，パソコンでも簡単に調べられるのでぜひ入手して下さい。

図表PARTⅡ-8-1　各種ハザードマップ

洪水ハザードマップ	大雨により，堤防が決壊した時の浸水範囲や浸水の深さを示した地図に避難場所や避難経路などの避難情報が記載されたもの。
内水ハザードマップ	下水道の雨水排水能力を上回る降雨が生じた際に，浸水の発生が想定される区域の情報や避難場所等に関する情報を図示したもの。
高潮ハザードマップ	高潮災害発生の際に浸水が予想される区域と浸水の程度を示した地図に地域住民の避難場所や避難経路などの防災情報を図示したもの。
津波ハザードマップ	津波災害発生の際に浸水が予想される区域と浸水の程度を示した地図に地域住民の避難場所や避難経路などの防災情報を図示したもの。
土砂災害ハザードマップ	土石流，がけ崩れ，地すべりの危険がある箇所や避難場所，避難経路等を図示したもの。
火山ハザードマップ	火山噴火によって発生する溶岩流や火砕流等により被害が発生するおそれのある範囲を数値シミュレーション等を用いて図示したもの。
宅地ハザードマップ	大規模盛土造成地を抽出し，個々の造成地の形状や土地利用状況，地下水の有無などを踏まえ，造成地の変動予測を表示したもの。
地震危険度マップ	地震による市街地の火災延焼の危険性や，道路閉塞に伴う避難・消防活動等の困難性について，街区単位で表示したもの。

（国土交通省ハザードマップポータルサイトより抜粋）

Ⅱ-8-2 | 風雨の対策

　ハザードマップを入手したら，次は現在住んでいる場所，これから引っ越そうとしている場所をおひとりさま自身の足で確認して下さい。近年はゲリラ豪雨や突風（竜巻）などピンポイントでの災害が増加しています。駅が近いなど利便性は良くても低地であるとか，よく増水する川が近いなどは注意したいところです。

　私見ですが，古くからある神社やお寺の周辺は安心できると思います。何百年もの間そこにあるということは，「変化変動の少ない場所である」という裏付けになるからです。また古い石碑で「以前氾濫があった際にここまで水が出た」というのも参考になるかと思います。さらに周辺の環境だけでなく，居住物件の風雨対策チェックも重要です。マンション地下の電源室が水没したためエレベータが動かなくなり，住人は近くのビジネスホテルへの避難を余儀なくされたというニュースも過去にありました。「部屋がきれいで眺めもバツグン」というだけで引っ越すのもロマンチックで素敵ですが，現実はいろいろキビシイのです。

Ⅱ-8-3 | 火事の対策

　風雨の対策についてはお話ししたように場所を選び，物件の対策をチェックすればある程度回避は可能ですが火事は場所を選びません。そのためにはどんなことに気を付けたらよいでしょうか。

　まず，居住物件について。おひとりさま自身が日頃から火の元に気を付けるのはもちろんですが，隣家が火事を出して延焼するかもしれないし消防活動で水浸しになる可能性もあります。もしものために火災保険には必ず加入しておきましょう。被害を受けた家財の補償を受けられます。この点についてはPART Ⅲの「リスクに備える」で触れていますのでそちらも併せてご覧下さい。

また火事が起きた際，消防車両の到達できる道路が確保されているかも重要です。さらには，近所の公園や集会所など焼け出されたときの一時避難場所も調べておきたいところです。こういう情報は地図を見ているだけではなかなか見当がつきません。やはり実際に足を運んでご自身の目で確認することをおすすめします。

　最後に「なにが関係するんだ」と思われるかもしれませんが私としては規則正しい生活と掃除をおすすめします。早寝早起きし，近所を散歩することで避難場所や避難経路のチェックができ，何回も歩くことで脳内シミュレーションできます。また，足の踏み場もないゴミや衣類で埋め尽くされた部屋は火事の原因になるだけでなく初期消火の妨げにもなります。コンセントに積もったホコリから発火するシーンをテレビで見てから，私もこまめな掃除を心がけるようになりました。

Ⅱ-8-4 | 地震の対策

　さて，風水害や火事は注意することである程度は避けられますが，どうにも逃げられない，避けられないのが地震です。地震はどうやっても防ぐことはできませんので「発生したあとどうしたらよいのか」ということになります。

　耐震物件であることは大前提です。現在，ほとんどの建物は耐震基準を満たしているため倒壊する事はまずないといわれています。住宅購入の際，中古物件を購入される方は必ずチェックして下さい。

　では地震が起きたとしましょう。建物の倒壊についてはほぼ大丈夫。揺れが治まり安全が確保できたら次は帰宅の問題です。東日本大震災のとき，職場から徒歩での帰宅を余儀なくされた方も多いと思います。落下物を避けてなるべく大きな道路を使いつつも，体力温存のため歩く距離は増やさないように。その経路を日頃からシミュレーションしておいてください。ここでハザードマップの登場です。地震危険度マップでの道路の確認はもちろんですが，沿岸地域であれば津波ハザードマップ，内陸部であれば土砂災害ハザードマップなどを

併用することでより安全確保の可能性が高められます。

　さて，何とか帰宅して一番の問題は今後の生活です。食事の問題，トイレの問題色々ありますが一般的に「備蓄」が推奨されていますのでそれを紹介します。

① 自宅等にとどまる場合に備えて１週間以上を過ごせる量の備蓄をしましょう。

② 普段から食料等を多めに購入し，日常的に消費しながら保存する「日常備蓄」が効果的です。

```
【備蓄品の例】
飲料水（大人１人，１日当たり３ℓ）
食料（大人１人，１日当たり３食分）
携帯トイレ（大人１人，１日当たり５回分）
生活用品（マスク，懐中電灯，カセットコンロ，ライター，ラジオ，
ティッシュ，ビニール袋，電池等）
```

③ 日頃から非常持ち出し品を準備しておき，避難するときは持参しましょう。

```
【非常持ち出し品の例】
貴重品（現金，通帳）
水・食料（飲料水，非常食等）
日用品（マスク，ティッシュ等）
衣類（靴下，下着，着替え等）
医療品（常備薬，消毒液等）
その他（ラジオ，モバイルバッテリー等）
```

　人により他にも色々あると思います。日頃から考え，ご自身が必要なものを持ち出せるように。また災害時だけでなくケガや病気で即日入院といったような場合も想定して，普段から非常持ち出しのセットを備えておきましょう。

PART II-9 自治体との関係

II-9-1 そもそも自治体ってなに？

　多分みなさんは，**自治体**とは「地域や住民のためにサービスを提供するところ」といった漠然としたイメージしかないのではと思います。じつは，自治体には様々な種類があって，多種多様な役割を果たしています。

　自治体，厳密にいえば「**地方自治体**」とは，日本の都道府県や市区町村を統括する行政機関です。そして地方公共団体は大きく2つに分類されます。

　1つ目は「**普通地方公共団体**」。現在わが国に存在する地方公共団体のほとんどはこの普通地方公共団体で都道府県と市町村があり，都道府県はそれぞれ属する市町村を統括，そして市町村はさらに細かく区分されます。基本的に人口5万人以上の都市を「市」といいますが，その中でも人口50万人以上の都市で政令により指定された都市を「政令指定都市」，人口20万人以上の市の申し出に基づいて政令により指定された都市を「中核市」，平成27年4月1日に特例市制度が廃止された時点で特例市だった都市は「施工時特例市」としています。2つ目は「**特別地方公共団体**」。こちらにはそれぞれ特定の目的のために設置された「特別区」「財産区」「地方開発事業団」があります。

図表PART II-9-1　地方公共団体

普通地方公共団体	特別地方公共団体
・　市 ・　政令指定都市 ・　中核市 ・　施工時特例市	・　特別区 ・　財産区 ・　地方開発事業団

　地方自治体の役割は，国や他の地方自治体との役割分担の調整，議会による自治体の運営方針の決定，まちづくりの推進，社会福祉の提供など多岐にわた

りますが，一番の存在意義は地域住民の生活をサポートすることです。

　これは各自治体で特色があり，子育てに対するサポートが手厚い自治体，介護・医療といったお年寄りのサービスに力を入れている自治体など様々です。そのため引越しをするとき，各自治体の行政サービスで住むところを決めるという人も少なくありません。また，地域の企業へ補助金を提供するなどのサポートで雇用を生み出し，住民を増やし，その結果地域の活性化と税収増を目指したり，さらには自治体が自ら名所などをアピールして観光客を呼び込み，地域経済の活性化を目指すところもあります。最近では，旅行がきっかけで地方の魅力に気付き，移住を希望するという方も増えており，今後の地方の活性化が期待されています。

Ⅱ-9-2　自治体のサポート

　自治体の役割は地域住民の生活のサポートです。この財源の多くは住民税で「**自主財源**」といいますが，これだけでは不十分なため国は「**地方交付税**」を配ります。自治体のホームページでは年度毎の収入と支出を見ることができます。おひとりさまが住んでいる地域，これから引っ越そうと考えている地域の財政力やお金の使われ方をチェックするのも大切なことです。

　ここでは，自治体の運営する主な施設やサービスを紹介します。

図表PARTⅡ-9-2　自治体の主な施設とサービス

バス・電車等	ほとんどは民間企業の運営ですが，市営や都営のものもあります。
警察署	警察署は都道府県の管轄で県庁所在地に警察本部が置かれます。
消防署	火事や交通事故，救急の出動，消火活動や人命救助をします。
病院	ほとんどは民間経営の病院ですが，市区町村，都道府県，国が運営するものもあります。
市区町村の役所	各市区町村には必ず役所か役場があります。たとえば婚姻，離婚，出生，死亡，転居届など戸籍や住民票に関する業務などがあります。
税務署	地域の企業や個人が税金を納める場所です。

多目的ホール	演奏会や演劇，展示会など各種イベントに使われる文化施設です。
図　書　館	雑誌や書籍，新聞，CDや映像資料など，利用者は自由に情報を得られます。
公　民　館	地域の祭りや催事，趣味や習い事など地域住民の活動の場です。
スポーツ施設	体育館やプール，運動場，野球場などの施設です。
清　掃　工　場	一般ごみは市区町村の清掃工場で処理されます。産業廃棄物は都道府県が管理します。
上下水道センター	日常生活に不可欠な水は，市町村の水道事業により提供されます。
河　　　　　川	河川管理は橋をかけたり堤防を作る仕事です。大きな河川は国か都道府県，小さい河川は市区町村が管理します。

（運営は自治体によっては例外もあります）

Ⅱ-9-3 自治体に何を求める？

　このような自治体の果たしている役割に対し，地域に住む人たちはどのようなサービスを求めているのでしょうか。日経BP総合研究所では毎年全国のビジネスパーソン（有職者＝働く世代）を対象に，実際に住んでいる街／直近で住んでいた街に対する「住みよさ」について，インターネット調査を実施しています。ここではおひとりさま向けの項目を抜粋して紹介します。

図表PARTⅡ-9-3　自治体に求めるもの

心・安全	治安がよい，歩道など交通安全に配慮した道路が整備されている，自然災害が少ない，防犯対策（交番／街灯／防犯カメラなど）が整っている。
快適な暮らし	気候が穏やか，自然環境が豊か，公園が多い，街が静か，街の歴史・伝統などに関わる文化資源が豊富。
生活の利便性	職住接近が可能，繁華街へのアクセスがよい，物価が安い，日常生活に必要な買い物がしやすい。
生活インフラ	公共交通機関が充実している，幹線道路が整備されている，図書館や公民館など文化施設が充実している，住民が利用できる運動施設が充実している，生涯学習プログラムが充実している。

医 療 ・ 介 護	病院や診療所が多い，夜間・緊急医療体制が整っている，小児科／産婦人科が多い。
自 治 体 の 運 営	公共料金が安い，行政からの発信が充実している，多様な地域参加の機会がある，地域で仕事を見つけやすい。
街 の 活 力	街に活気がある，子供や若者が多い，応援する文化・スポーツ団体がある，地方自治に対する住民の意識が高い，街に愛着がある。

Ⅱ-9-4 おひとりさまと自治体の関係

　上記のアンケートの中に「応援するスポーツ団体がある」というのがありましたが，私の知り合いには応援するサッカーチームのホームグラウンドへ本当に引っ越しちゃった人がいます。周辺にはファンの集まる飲食店などがあり，ときには観戦しながらお客さん達と楽しく趣味の時間を過ごしているようです。もちろんそれも結構ですが，それだけではどうかなと思います。交通の利便性，治安の良さ，ケガや病気になったときのサポート体制などなど。おひとりさま生活は楽しいことも多い反面，もしものときには何でも一人で対応しなければならないという不安が付きまといます。そんなときに頼りになるのが地方自治体の担う公共のサービスです。

　現在住んでいるところ，これから引っ越そうとしているところはどんなサービスの受けられる街なのか日頃からチェックし，上手にサービスを活用できる「かしこく生きるおひとりさま」を目指しましょう。

PART II-10 住環境と医療体制

II-10-1 「利便性がよい」とは？

前節では地元の地方自治体からどんなサービスが受けられるかについてお話しました。少しでも安心で快適な日常生活を送るために，どんなサービスが受けられるのか日頃からよく調べておきたいものです。

そしてそれは非常時・緊急時にも同じことがいえます。PART II-8では災害時の対処，いいかえれば地域の「もしも」についてでしたが，ここでは個人的な「もしも」，つまりケガや病気になったときについてお話しします。

駅が近い，コンビニが近所，ちょっと歩けばスーパーがあるというのは確かに「利便性がある」といえるかもしれません。しかしそこに長く生活することを想定すると，医療体制が整っているということは必須の条件です。ケガや病気にならない人はいません。たとえば急に熱が出て動けないというような場合，おひとりさまには心細い限りです。家族が近くに住んでいるとか，合鍵を持っている好い人がいるならば電話でお願いも出来ますが全てのおひとりさまがそういうわけではありません。日常生活も便利だけど，もしものときにも便利，それが真の「利便性がよい」ということだと思います。そんなとき，近くに各種の医療機関，あるいは大きな病院があると心強いことひとしおです。

II-10-2 病院の分類

ひと口に病院といっても大規模なものから小さな街中のものまでいろいろあります。まずは病院の分類から。開設者別には次の4つに分類されます。病院は医療法により公的組織以外には医療法人・学校法人・社会福祉法人などの非

営利組織にしか設立が認められていません。

図表PARTⅡ-10-1　病院の4つの分類

国 立 病 院	公立・公的・社会保険関係法人の病院
厚生労働省／独立行政法人国立病院機構／独立行政法人労働者健康福祉機構など	都道府県／市区町村／地方独立行政法人／日本赤十字社／済生会／国民健康保険団体連合会など
大 学 病 院	一 般 病 院
国立大学／公立大学／私立大学	公益法人／医療法人／社会福祉法人など

　そして機能別には次の3つに分類されます。

図表PARTⅡ-10-2　病院の機能別分類

特定機能病院	地域医療支援病院	その他の一般病院
高度医療を提供し，医療技術の開発・評価を行い，研修ができる病院。400床以上の病床数を持ち，厚生労働大臣によって承認される。	医療機器などを一般病院や診療所と共同で利用し，かかりつけ医を後方支援する病院。400床以上の病床数を持ち，都道府県知事によって承認される。	特定機能病院，地域医療支援病院以外の病院。患者さんはまず，これらの地域密着型病院を利用することが多い。

　ちなみによく「総合病院」という名称を聞きますが，1997年の医療法改正によりその名称に関する規定は無くなりました。ただ，すでに広く浸透した名称のため現在でも一般的に用いられています。現行法では旧総合病院のうち，病床数が200床以上で地域の他の医療機関との連携を重視している病院は上記の「地域医療支援病院」へ，それ以外を「その他の一般病院」に分類しています。もう少し詳しく説明すると，**地域医療支援病院**とは，患者の身近な地域で完結した医療を提供できるよう，その地域の診療所や病院などの医療機関が相互に協力することを目的にしている。一次医療を担う中小病院や診療所を支援し，専門外来や救急医療，入院など地域医療の中核を担う体制を有する病院のことをいいます。

地域医療支援病院として承認される条件
① 紹介患者を中心とした医療の提供を行っていること。
② 救急医療を提供する能力があること。
③ 地域の医師などが建物，設備などを利用できる体制が整っていること。
④ 地域の医療従事者に対して研修を行っていること。
⑤ 原則として200床以上，また地域医療支援病院としてふさわしい施設をもっていること。

Ⅱ-10-3 病院と診療所の違い

　旧医療法で「**総合病院**」と呼ばれた病院ですが，規模でいいますと現行法では病床数200床以上かそれ未満で「地域医療支援病院」と「その他の一般病院」に分類されています。

　では，よく街中で○○クリニック，○○医院，○○診療所，○○病院という看板を目にしますが，これらはいったい何が違うのでしょうか。ここでは一次医療を担う中小病院や診療所についてお話します。

　まず一番の違いとしては規模の違いが挙げられます。「**病院**」は患者を入院させるための施設，つまり病床数が20床以上あります。対して「**診療所**」は病床数0から19床以下のものをいいます。ちなみにクリニックや医院は診療所の通称として使われています。また，施設で働く医療従事者の人数にも違いがあります。病院は医師の人数が3名以上であるのに対し，診療所は医師の人数は1名以上と定められています。さらにその他には看護師や薬剤師等の人員にも定めがあるのですがここでは割愛します。

図表PARTⅡ-10-3　病院と診療所の違い

病　　　院	診療所（クリニック，医院など含む）
病床数20床以上	病床数19床以下（ゼロもあり）
医師3名以上	医師1名以上

　ざっくりですがこうしてみると，「診療所・クリニック・医院」は医師が1

名でベッドがない可能性もあり，「病院」には医師が３名以上いて，数は多くないとはいえ確実にベッドがあるということになります。

　近所を散歩していて看板を見つけたら，何科の専門なのか，建物の大きさから病床数はどれくらいあるかなど確認しておくのもよいでしょう。日頃からアタリを付けておくことは重要です。いざとなってからネットで調べても大量の情報に翻弄されたり，もはやそんな余裕がないときもあります。私は以前，38度７分の熱でクラクラしながらパソコンで調べていて困った経験があります。

　目は眼科，歯は歯科，耳鼻口は耳鼻咽喉科，あとは内科・外科といったところ。旧総合病院（地域医療支援病院）ならばすべてが揃っています。

　私のおすすめは口コミ情報です。ご近所のつながりから得る情報はパソコンで調べるより安心かつ確実です。私はよく地元の居酒屋で「あそこの歯医者はよかった」「あっちはダメだね」なんていう話をします。同年代の付き合いであれば同じような体の悩みを持つもの。それも実際に行って治療を受けての感想ですからその信頼度はバツグンです。

Ⅱ-10-4 一番大切なのは健康でいること

　自分が頼りのおひとりさま生活では健康が何よりも大切です。ケガや病気になったら仕事は出来ないし，病院代や通院代に薬代もかかります。ひょっとしたら収入がストップしてしまうかもしれません。そんな時のためにどう備えたらよいかについては次のPART Ⅲでお話ししますが，ここでは「健康であること」についてお話しします。

　たしかに，ケガも病気もしないという人はいません。もしもの時のために各種医療機関の場所，規模，利用法などをチェックしておくことは重要です。しかしその心配も日々の心がけで大幅に減らすことができます。

1　まずは食生活から見直しする

　朝早くから仕事に出かけ，帰りは夜遅く。食事は外食かコンビニ弁当ばかりというおひとりさまをよく見ます。これではどうしても塩分過多のうえに野菜

不足になりがちです。お肌や体調によくありません。ごはんは週末にまとめて炊いて小分けに冷凍し，チンするだけにする。作り置きの惣菜を常備するなどで解決できるでしょう。職場にもお弁当を持っていくなどすれば，食費の節約にもなり一石二鳥です。

2　規則正しい生活をする

　休みの日は昼過ぎまで寝ているなんていう人がたまにいますが，休みの日こそ早起きをして生活リズムを崩さないように心がけましょう。たまった洗濯物，部屋の掃除，食料の買い出しに作り置きの調理，趣味の時間など，やることは沢山あります。一度体を動かしはじめれば「次はあれを片付けてその次は」といつのまにか段取りができます。平日と違うことをすることで気分転換になりますし，だいいち洗濯物がたまったりホコリが積もっていたり，台所の流しは汚れ放題という環境では健康に良いはずがありません。

3　散歩で気分転換もおすすめ

　よく健康番組で「目標一日一万歩」なんていっていますが，そこまで厳しくする必要はありません。休みの日の空いた時間でもよいし，出掛ける時は一駅先から電車に乗る，あるいは一駅手前で降りて歩くというのもありです。そして毎日の通勤時でも，歩きながら周囲に目を向けて下さい。今日はいい天気だな，緑がキレイだ，あんなところにカキがなっている，そろそろ秋かな空が高い。外に出て空気を吸い，季節を感じることで心も穏やかになります。

　歩くと体調も整うし，カロリーの消費にもなります。また道がよく判るようになるのでもしもの時の避難経路などの確認もできます。役所や施設の場所が確認できたり，地域のイベントに出くわしたり，いいことずくめです。ケガや病気に備えることはもちろん大切ですがさらにもう一歩手前，健康でいることを心がけましょう。

PART III
リスクに備える

PART Ⅲ-1　貯蓄か保険か

Ⅲ-1-1　おひとりさまに保険は必要か

　近年は若い世代の方だけでなく，40代，50代の「おひとりさま」も多くなりました。ニュースなどで聞くところによると50歳になった時点で一度も結婚したことのない人の割合は，男性の約4人に1人，女性の約6人に1人といわれています。

　一昔前は「独身貴族」という言葉もありました。たしかに，どこに行こうと何時に帰ろうと誰の目も気にせず自分のペースで自由に生活できるのはおひとりさまの特権です。しかしその反面，万が一のことが起こった時も自分ひとりで対処していかなければなりません。そのリスクの代表的なものが「ケガや病気」です。今は健康だとしてもこの先いつ，ケガや病気に見舞われるかは誰にも予測できません。これに対する有効な策が保険です。

　おそらく，「保険が必要な人」といってまず思い浮かぶのは妻や子供のいる世帯主や，夫と子供を養って家庭を支える妻のように「結婚している人」にとって必要なものと考える人がほとんどではないでしょうか。

　たしかに，残された家族のための死亡保険や子供の教育費を積み立てる学資保険など「家庭を持ったら保険をしっかり考えなければならない」ことは間違いありません。だからといって「おひとりさまに保険は必要ないもの」と考えるのはかなりリスクがあります。

　さすがに世帯主の高額死亡保障のような大きな保障は必要ないとはいえ，おひとりさまはノーリスクかというとそんなことは全くありません。ケガや病気をした際にその治療費は貯蓄でまかなうという人にとって，「毎月の保険料にお金をかけるよりも貯蓄にまわしたい」というのも一つの考え方でしょう。し

かし無保険の状態では自己負担分の治療費を貯蓄の切り崩しなどでまかなう必要があり，これが長期療養になった時には金銭的に大きな不安を抱えることになります。とくに若い世代の方には貯蓄額の少ない方が多く，自己負担分の治療費を捻出できる人の方が少ないため，保険でこれをカバーする必要があります。また近年，若い世代にも増えているがんやうつ病などの精神疾患は通院治療が必要で治療日数が長くなるケースが多く，仕事を休まねばならない期間の収入減少や無収入へのリスク対策も重要です。

　保険には，病気にかかってからでは加入できない，あるいは保険料が割高になるものや条件付きになる商品が多いため，早め早めに最低限の医療保障だけでも用意することをおすすめします。また，若いうちから加入することで手厚い医療保障を手軽な保険料で持つことができるので将来へのリスク対策にもなります。

Ⅲ-1-2 ｜ おひとりさまの貯金ってどれくらい？

　総務省の全国消費実態調査（平成26年）では，年齢階級別におひとりさまの貯蓄額の平均が発表されています。男女ともに60歳代がピークで男性は1,611万円，女性が1,622万円となっています。

図表PART Ⅲ-1-1　男女・年齢階級別貯蓄現在高及び年間収入（単身世帯）

（単位：万円）

		40歳未満	40歳代	50歳代	60歳代	70歳以上
男性	貯蓄現在高	373	796	1,482	1,611	1,501
	年 間 収 入	407	439	497	260	268
女性	貯蓄現在高	264	959	1,383	1,622	1,432
	年 間 収 入	317	394	359	234	215

　このおひとりさま男女別グラフの興味深いところは，男性が50歳代，女性が40歳代で収入のピークを迎えその後は下がるのに，貯蓄額は増え続けるところです。この傾向は特に女性に強く見られます。一般的に，同年代や同業種内で

比較したとき，女性は男性よりも年収が低い傾向にありますがその分，「貯金に対する意識」の高い人が多いのかもしれません。

図表PARTⅢ－1－2　年齢階級別　貯蓄・年収の平均（単身世帯）男性

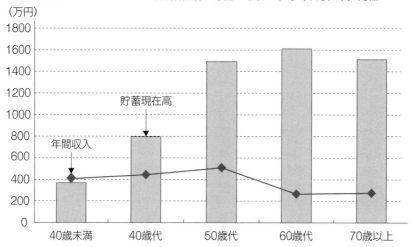

図表PARTⅢ－1－3　年齢階級別　貯蓄・年収の平均（単身世帯）女性

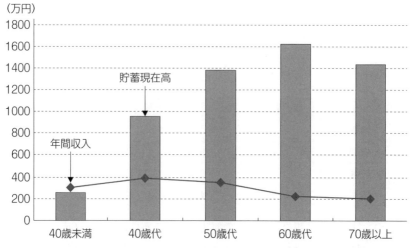

（出典：2014年全国消費実態調査「単身世帯の家計収支及び貯蓄・負債に関する結果」）
https://www.stat.go.jp/data/zensho/2014/pdf/gaiyo2.pdf

おひとりさまの金融資産の中身

ではさらに，おひとりさまの持つ**金融資産**の中身を見てみましょう。

30歳代まではそもそもの貯蓄額が少ないのに，普通預金の占める割合が男女ともに約6割を占めています。おそらく「貯めるため」というよりも「生活費のため」のお金として預金している人が多いのかと思われます。

図表PARTⅢ-1-4　年代別貯蓄の内訳（男性）

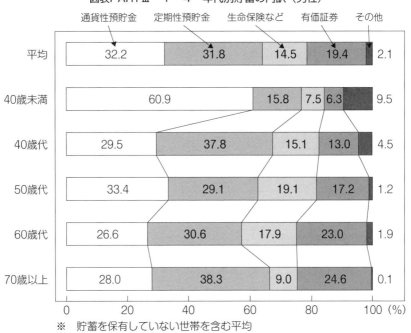

（出典：2014年全国消費実態調査「単身世帯の家計収支及び貯蓄・負債に関する結果」）
https://www.stat.go.jp/data/zensho/2014/pdf/gaiyo2.pdf

40歳代以降は年代が上がるにつれて普通預金よりも定期預金の割合が多くなり，「貯めるため」の貯金を意識していることがうかがわれます。

50歳代以降，女性は定期預金や生命保険など安全性の高い資産で貯める傾向

が強く見られます。これに対し男性は定期預金や生命保険より株式等の有価証券に重きを置く傾向がみられます。

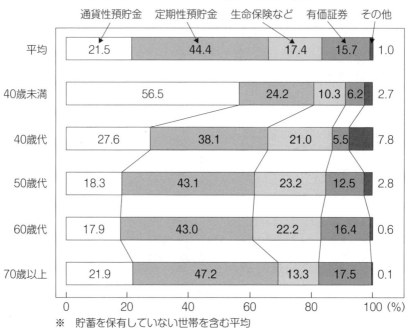

図表PARTⅢ－1－5　年代別貯蓄の内訳（女性）

	通貨性預貯金	定期性預貯金	生命保険など	有価証券	その他
平均	21.5	44.4	17.4	15.7	1.0
40歳未満	56.5	24.2	10.3	6.2	2.7
40歳代	27.6	38.1	21.0	5.5	7.8
50歳代	18.3	43.1	23.2	12.5	2.8
60歳代	17.9	43.0	22.2	16.4	0.6
70歳以上	21.9	47.2	13.3	17.5	0.1

※　貯蓄を保有していない世帯を含む平均

（出典：2014年全国消費実態調査「単身世帯の家計収支及び貯蓄・負債に関する結果」）
https://www.stat.go.jp/data/zensho/2014/pdf/gaiyo2.pdf

　年齢が上がるにつれ旅行などレジャーに回す大きな支出は減り，体の不調が出てくると老後のために少しでも安定した貯蓄に重きを置く。私たちにもやがて確実に訪れる20年後30年後。参考になればと思います。ところで表題のテーマ，「貯蓄か保険か」ですがどちらも大切です。どちらかを切り捨てられるというものではありません，どちらに重きを置くか割合の問題になります。結論を出すのはおひとりさまご自身です。おひとりさまそれぞれのライフスタイルに合わせてどちらに重きを置くか，PARTⅢはその判断の一助になればと願ってスタートします。

PART III-2　死亡保障よりも医療保障を

III-2-1　おひとりさまの生命保険基礎知識

　生命保険は必要だけど仕組みが複雑でよくわからないというおひとりさまは多いと思います。基本形として生命保険は大きく4つに分類され，ベースとなる「**主契約**」，オプションとしてつける「**特約**」からなっています。特約にはさまざまな種類があり，加入者の多様なニーズに対応できます。

図表PART III-2-1　生命保険の基本形

主契約（ベース） 定 期 保 険 終身保険など	+	特約（オプション） 定期保険特約 収入保障特約など	=	生 命 保 険

生 命 保 険			
死 亡 保 険	医療保険, 疾病保険	介 護 保 険	生 存 保 険

1　死 亡 保 険

　おひとりさまが亡くなったときまたは高度障害状態になったときに保険金を受け取れる保険で，主に「**定期保険**」と「**終身保険**」に分けられます。

図表PART III-2-2　定期保険と終身保険の違い

定 期 保 険	10年，20年あるいは60歳まで，65歳までと保障期間を決める保険で，期間後も生存の場合には保険金は支払われず保険料は掛け捨てになります。その分，保険料は安く抑えられ，大きな保障を受けられます。
終 身 保 険	保障期間に具体的な年数や年齢はなく，おひとりさまが亡くなるまで一生涯続きます。死亡したら必ず保険金が支払われるため，保険料の一部を積み立てられます。主に相続税の納税対策などに使われます。

2　医療保険，疾病保険

　おひとりさまがケガや病気をしたときに所定の給付金を受け取れる保険で給付金を受け取る時点，条件は商品により異なります。医療保険には掛け捨てと払戻金のあるもの（健康だったため一定期間中に給付金の請求をしなかった場合）があります。詳しくは，医療保険についてはPARTⅢ－4，PARTⅢ－5，疾病保険についてはPARTⅢ－3をご覧ください。

3　介護保険

　おひとりさまが要介護の状態になったときに給付金を受け取れる保険で一括支払いと分割払いのものがあります。支払われる条件は，介護保険法の定めによる商品もあれば，保険会社独自の基準による商品もあります。近年は多額の介護費用が必要になる認知症に対応し「認知症保険」も扱われています。

4　生存保険

　おひとりさまが保険期間中に死亡しても，満了時点で生存していても保険金を受け取れるため**生死混合保険**とも呼ばれます。将来の備えのために貯蓄や運用の代替手段として利用することもできます。ただし，掛け捨てでなく貯蓄性を有しているため，保険料は死亡保険より高めに設定されます。

図表PARTⅢ－2－3　生存保険の種類

学資・こども保険	通常，子供15歳時や18歳時などに満期を設定し，それまで親が生存していたらまとまった満期金や祝い金が給付，満期までに亡くなった場合には一時金や一定期間に分割する形で保険金が給付されます。
個人年金保険	主に老後への備えとして利用されます。受け取り方法は一括ではなく，年金形式です。受取期間を10年，20年と定めるものを「**確定年金**」，死亡時まで一生涯受け取れるものを「**終身年金**」といいます。
養老保険	満期まで生存の時は満期金を受け取り，満期を待たずに死亡の場合には満期金と同額の死亡保険金を受け取れます。満期以降に必要な資金を準備しつつ万が一のときはまとまった金額を受け取れる保険です。

5　その他の死亡保険

　上記のほか，独自の性格を持つ死亡保険をいくつか紹介します。

図表PARTⅢ－2－4　死亡保険の種類

外貨建て保険	運用のみを外貨で行い入出金は円で行うものと，支払保険料・保険金・給付金・解約返戻金などを全て外貨で行うものとあります。国内での運用より利率が高く，契約後円安が進めば保険金や満期金・返戻金が増える反面，円高が進むと受取時に元本割れの可能性もあります。
引受緩和型保険	一般的な死亡保険は加入時に審査があり，健康状態や既往症によっては保険料の割増しや加入不可の場合もあります。断られた場合，他社を検討するか，この引受緩和型保険という選択肢もあります。ただし一般的な保険より保障額の設定が低く，保険料も割高になります。
無選択型終身保険	健康状態について無審査，誰でも加入できる死亡保険です。ただし引受緩和型保険よりもさらに保障額が低く，保険料が割高になります。
変額保険	一般的な死亡保険は「固定型」といい，契約時に保険金や給付額が定められ保険期間満了時までその額は変わりません。これに対し変額保険は，保険会社の運用実績に応じて保険金額や解約返戻金が増減するので「ハイリスク・ハイリターン」の保険といわれています。

Ⅲ-2-2 | おひとりさまに死亡保障は必要？

　死亡保険はおひとりさま自身が亡くなったときに支払われる保険です。もしもそうなったとき経済的に困る家族がいる，親御さんや兄弟姉妹を養っているという方にとっては検討が必要かもしれませんが，配偶者やお子さんのいないおひとりさまにとって死亡保険の必要性はそれほど高くないといえます。加入については結婚が決まったときなどに改めて検討すればよいでしょう。

　それでもおひとりさまが加入する場合は，ご自身の葬儀代など最低限の費用が用意できれば十分です。その際には，貯蓄性を備えていて銀行の預金よりも利回りのよいケースがあるうえ節税対策にもなる**終身保険**がおすすめ。生存時に解約して返戻金を老後の生活費に充てられるなど色々なメリットがあります。掛け捨ての定期保険に比べて保険料は高くなりますが，若いうちに加入するこ

とでそれも安く抑えられます。また，医療保険，がん保険，死亡保険など複数の保障が一つになった「総合保障型保険」を検討するのもアリです。保険料が比較的抑えられていてかつ，年齢にかかわらず一律という特徴をもつ保険です。

Ⅲ-2-3 ケガや病気をしたときに備える保険を

おひとりさまにとってのリスク対策はケガや病気に備えることが最優先。そこで検討したいのが「医療保険」です。**医療保険**とは，入院や手術をしたときに給付金を受け取れる保険のことで内容によっては，退院した後や入院前後の通院保障をプラスしたり，**三大疾病**（がん，急性心筋梗塞，脳卒中）や女性特有の病気への保障を手厚くすることもできます。

ケガや病気で入院すると治療費や入院中の食事代など病院への支払いだけでなく，その期間中の収入が減ってしまう，もしくはゼロになってしまう可能性もあります。また入院中も家賃や光熱費などの支払いもあるうえ，手術をしたら術後の確認，投薬を続ける場合は定期的な通院が必要になります。さらには通院のための交通費もかかり，治療が長引くほど経済的な負担は大きくなります。医療保険とは，ケガや病気をしたとき，経済的に困ることのないようサポートしてくれるシステムなのです。おひとりさまはまず，ケガや病気をしたときにお金の心配なく安心して治療を受けられるような内容の保険を検討しましょう。

PART III-3 収入が減少したときのために

III-3-1 まずは疾病手当金

　おひとりさまに限らず誰しも，「もしもケガや病気で何か月も働けなくなったらその間の治療費や生活費はどうしよう」という心配があります。そのような場合には，以下の4つの条件を満たすことで公的医療保険（健康保険）から**疾病手当金**が給付されます。

1　療養を要するケガや病気が業務外のものであること

　疾病手当金は仕事以外でのケガや病気で療養をして仕事に就けなくなったときに支給されます。通勤途中を含む業務内であれば労災保険が適用されるため疾病手当金は支給されません。なお，ここでいう「療養」には入院だけでなく自宅療養も含まれています。つまり必ずしも入院しなくても疾病手当金を受け取れるのです。

2　ケガや病気の療養で仕事に就けないこと

　ケガや病気の療養のため仕事に就けなくなることが疾病手当金の支給条件の一つです。仕事に就けないかどうかの判定は本人の仕事内容を考慮しながら医師の意見等をもとに行われます。本人の判断や自己申告で決まるわけではないので注意してください。

3　連続する3日間を含み4日以上仕事に就けなかったこと

　ケガや病気の療養のために仕事に就けなくなったといって必ずしも疾病手当金が支給されるわけではありません。疾病手当金が支給されるのは3日間連続して休んで「待機期間3日間」が成立した後の4日目以降から。この3日間には有給，公休，欠勤も含められますが，あくまでも連続していなければならないのがポイントです。

4　ケガや病気で休んでいる間に給与の支払いがないこと

　疾病手当金はあくまでも業務以外でのケガや病気による療養が理由で仕事に就けないとき，その間の経済的な負担をカバーする制度です。そのため，もしもケガや病気で仕事に就けない状態であっても，給与の支払いが行われていれば疾病手当金は支給されません。ただしその支払われている給与が疾病手当金の金額よりも少ないとき，その差額分は支給されます。

疾病手当金の計算式

> 支給額＝支給開始以前12か月間の標準報酬月額の平均額÷30×3分の2

　わが国では**国民皆保険制度**のもと，誰もが何かしらの公的医療保険に加入しています。代表的なものとして，自営業や専業主婦の方が加入する「**国民健康保険**」，中小企業に勤務する方やその家族が加入する「**全国健康保険協会**」，大企業に勤務する方やその家族が加入する「**組合健保**」，公務員・私立学校の教員やその家族が加入する「**共済組合**」などです。このうち基本的に国民健康保険には疾病手当金がありません。該当するおひとりさまはこの点に対しては貯蓄や民間保険で備えた方がよいでしょう。

Ⅲ-3-2　保険を掛けるなら就業不能保険

　就業不能保険とは，ケガや病気で仕事に就けなくなり，長期間収入を得られない就業不能状態になった場合に保障を受ける保険で，一般的には給与のように毎月保険金を受け取ることが出来ます。

　医療保険は「ケガや病気により入院・手術をしたときの短期的な治療費」に備える保険ですが，就業不能保険は「ケガや病気により仕事に就けなくなったときの長期的な生活費」に備える保険なのです。

　生命保険会社が扱うものを「**就業不能保険**」，損害保険会社が扱うものを「**所得補償保険**」といい，いずれもケガや病気で仕事に就けなくなったときの収入の減少をカバーしてくれる保険です。生命保険会社が扱うもので似たよう

な名前のものに「収入保障保険」がありますが，こちらは死亡もしくは高度障害状態になった場合，残された家族の生活を支えるための保険で，就業不能保険や所得補償保険よりも死亡保険に近い性質の保険といえます。

1 就業不能状態の要件

就業不能状態とは「入院」か「在宅療養」のいずれかに該当することをいいます。

図表PARTⅢ－3－1　就業不能状態の要件

入院の場合	ケガや病気の治療を目的として，日本国内の病院または診療所において入院している状態であること。
在宅療養の場合	ケガや病気により，医師の指示を受けて自宅などで在宅療養をしている状態であること。

在宅療養の具体的な内容としては，保険会社が定めた特定障害状態や，国民年金法で定める障害等級1級または2級に認定された状態，医師の指示を受けて自宅などで軽い家事や通院など必要最低限度の外出以外は療養に専念する状態など，保険会社によって基準は様々です。

なお，一般的な就業不能保険では，うつ病などの精神障害を原因とする就業不能である場合，入院・在宅療養どちらも共通して保障の対象外とされています。しかし入院を条件に就業不能時の保障を付加できる医療保険もあります。

図表PARTⅢ－3－2　類似名の保険とその内容

	就業不能保険	所得補償保険	収入保障保険
取り扱い	生命保険会社	損害保険会社	生命保険会社
保障の開始理由	ケガや病気で仕事に就けなくなったとき		死亡または所定の高度障害状態になった時
保険期間	60歳や70歳満期など長い	1年や5年など短い	55歳や70歳満了など長い
免責期間	60日継続など長い	7日間など短いものから365日など長いもの	なし

Ⅲ-3-3 医療費が大きくなったときは高額医療費支給制度

　医療保険に加入していても，貯蓄額があまり多くないおひとりさまにとって，突然必要になる医療費の負担は大きいものです。そしてもしも，これが数十万や数百万もかかったらどうでしょうか。こうした高額な医療費がかかったときでも公的に医療費負担を軽減してくれる制度が「高額医療費支給制度（以下，高額療養費制度）」です。

　「高額療養費制度」とは公的医療保険における制度の1つで，医療機関や薬局で支払った医療費の自己負担額が，ひと月で一定額を超えた場合，その超えた金額について支給される制度です。年齢や所得に応じて本人が支払う医療費の上限が定められており，いくつかの条件を満たすことでさらに負担を軽減する仕組みも設けられています。

　図表PARTⅢ-3-3は高額医療費における自己負担限度額の計算式です。計算例を挙げて解説します。

　たとえば，標準報酬月額28〜50万円のおひとりさままで，ひと月に100万円の医療費がかかった場合，計算式「ウ」に当てはめると窓口負担は3割なので30万円，このうち高額医療費として支給される金額は212,570円，差し引きすると実際の自己負担額は87,430円になります。

図表PART Ⅲ-3-3　70歳未満のおひとりさまの自己負担限度額の計算式

所 得 区 分		自己負担限度額
ア	年収約1,160万円以上の方 健保：標準報酬月額83万円以上 国保：賦課基準額901万円超	252,600円＋（総医療費－842,000円）×1%
イ	年収約770～1,160万円の方 健保：標準報酬月額53～79万円 国保：賦課基準額600～901万円	167,400円＋（総医療費－558,000円）×1%
ウ	年収約370～770万円の方 健保：標準報酬月額28～50万円 国保：賦課基準額210～600万円	80,100円＋（総医療費－267,000円）×1%
エ	年収約～370万円の方 健保：標準報酬月額26万円以下 国保：賦課基準額210万円以下	57,600円
オ	住民税非課税の方	35,400円

（※　総医療費とは保険適用される診療費用の総額のこと）

　ただし注意点，医療機関の窓口で支払う金額すべてが高額療養費制度の対象になるというわけではありません。対象となるのは保険適用される診療に対して支払った自己負担額であること。つまり生活する上で必要となる「食事代」や患者の希望によってサービスを受ける「差額ベッド代」，「先進医療にかかる費用」，そのほか全額自己負担になる歯のインプラント治療や，不妊治療などの自由診療等はこの制度の対象外となります。

　以上のように高額療養費制度を上手に利用することで医療費の負担を軽減することができます。また，保険診療以外に病院で必要になるお金や自由診療，先進医療といった100％自己負担の必要があるお金についても，いざというとき心配のないよう，貯蓄や民間の医療保険などで備えましょう。

おひとりさま男性に
おすすめの保険

Ⅲ-4-1 おひとりさま男性の病気のリスク

　一般的に，男性は女性よりも年齢が増すごとにがんのリスクが高くなります。国立がん研究センター「がん罹患率の調査」（2019）では，男女とも50歳代半ばから罹患率が増加し，高齢になるほど高くなります。20歳代半ばから50歳代前半までは男性より女性の方がいくぶん高いもののその後は逆転。60歳代以降は男性の罹患率がどんどん高くなります。

　また，すべての年代において，がんによる死亡率は女性よりも男性の方が高いという結果も出ています。

図表PARTⅢ－4－1　年齢階級別罹患率（全国推計値）2015年

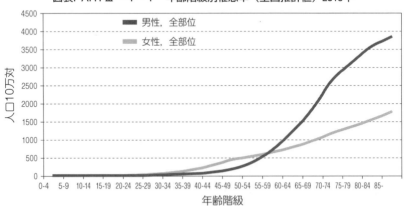

資料：国立がん研究センターがん対策情報センター「がん登録・統計」
Source：Cancer Information Service, National Cancer Center, Japan
（「地域がん登録全国推計によるがん罹患データ」2019. 11. 7 更新）

それゆえ，支払われる保険金の額が同じ契約であれば，一般的に死亡保険の保険料は男性の方が高くなります。すでにお話ししたように，おひとりさまの場合，死亡保険に加入することの優先度は高くありませんが，男性の死亡率や保険料の金額などを考慮しつつ，ライフステージの変化に応じて加入の検討をするとよいでしょう。加入を検討するならば，死亡保険の保険料は契約したときの年齢で決まるため，月々に支払う保険料を抑えるためにはできるだけ若いうちに加入することをおすすめします。

Ⅲ-4-2　おひとりさま男性の保険加入状況

　では，おひとりさま男性はこのような病気や死亡のリスクに対してどの程度の準備をしているのでしょうか。生命保険文化センター「生活保障に関する調査」（2019）によれば，もしものときの医療保障を預貯金や保険など何かしらの方法で準備をしているというおひとりさま男性は66.4％でした。これに対し既婚男性は90.0％とはるかに高い割合で準備していると回答しています。

図表PARTⅢ-4-2　医療保障に対する私的準備状況（男性）

	準備している	準備していない	わからない
既　　婚	90.0%	8.9%	1.1%
おひとりさま	66.4%	26.5%	7.1%

（日本生命文化センター　令和元年度「生活保障に関する調査」（2019）より）

　また，医療保障を生命保険で準備しているというおひとりさま男性は51.2％，既婚男性は78.8％という結果も出ています。こうしてみると，自身がケガや病気で働けなくなったとき生活に困る家族のいる既婚者の方が，医療保障に対する準備意識が高いようです。とはいえ，準備していないおひとりさま男性は「医療保障は要らない」と考えているわけではないようです。

図表PART Ⅲ－4－3　医療保障に対する今後の準備意向（男性）

	準備意向あり				準備意向なし	わからない
	すぐにでも	数年以内に	いずれは	計		
男性全体	5.4%	14.1%	45.4%	64.9%	30.6%	4.5%
おひとりさま	5.2%	17.3%	51.1%	73.5%	20.9%	5.6%

（日本生命文化センター　令和元年度「生活保障に関する調査」（2019）より）

　医療保障に対して，「今後準備をする考えはある」と答えたおひとりさま男性は73.5%で，男性全体の64.9%より高い結果が出ています。ケガや病気に対して準備しなければという意識はありながらも，ついつい後まわしにして手を付けていないというおひとりさまが多いと考えられます。

Ⅲ-4-3 ｜ おひとりさま男性におすすめの保険

　年齢を重ねるほど高くなる男性のがん罹患率やおひとりさま男性の医療保障の準備状況からも読み取れるように，おひとりさま男性が手厚くしておきたいのはケガや病気になった時の医療費や，収入の減少分をカバーできる医療保険やがん保険などです。

1　定期医療保険

　医療保険はケガや病気で入院，通院，手術等をしたとき所定の給付金を受け取れる保険です。入院，通院はそれぞれかかった日数分について，手術は1回についてまとまった給付金を受け取れるものが一般的です。そのなかでも定期医療保険は，保障される期間が10年とか，60歳まで，というように一定期間だけケガや病気の保障が得られるものです。保障期間が満了すると保険料の支払

いも保障もなくなる，または保障満了時の年齢の保険料で契約が更新されます。

　たとえば若いおひとりさまで貯蓄が不十分なうちだけ保障してほしい，開業したばかりで事業が軌道に乗るまでの収入減に備えたいというような，特定の期間内にのみ保障が欲しいときに有効です。メリットは，若いときの加入であれば次に紹介する終身医療保険よりも保険料を安く設定できること。また，保障期間も一定期間なので満了時ごとに保険の見直しをしやすいのも利点です。しかし保障期間が過ぎて更新するとき，その時の年齢にともなって保険料が高くなるデメリットもあります。

2　終身医療保険

　ケガや病気で入院，通院，手術等をしたときに給付金を受け取れることは定期医療保険と一緒ですが，終身医療保険は保障を得られる期間が一生涯となります。近年の長寿化に対応した商品で，高齢になって収入が減ると同時にケガや病気のリスクが増加するといった場合にも契約切れになることなく保障されます。メリットは加入時の保険料が一生涯変わらないこと。定期医療保険と比べると初期の保険料は高くなる傾向にありますが，保障期間でみると平均的に保険料は割安になります。ただし保障期間が一生涯なので保険の見直しがやりにくいというデメリットもあります。また，医療保険の中には生活習慣病，三大疾病，女性特有の病気等にかかった場合，給付金が上乗せされるものもあります。

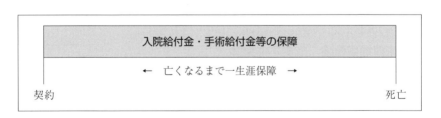

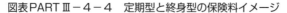

図表PART Ⅲ－4－4　定期型と終身型の保険料イメージ

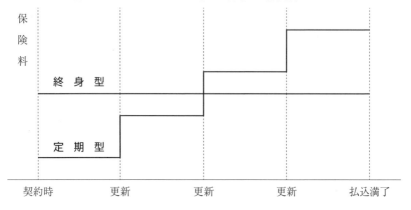

保険料

終身型

定期型

契約時　　　　更新　　　　更新　　　　更新　　　　払込満了

3　がん保険

　がん保険は，がん治療の保障に特化した保険で，医療保険と同じく定期型と終身型があります。**定期型**は更新時の年齢に合わせて保険料が上がりますが，近年はがん治療の技術も進歩し，新しい保障を備えた商品が出てきているので更新時に見直しや切り替えをしやすいのがメリットです。**終身型**は保険料の払い込みが終了する年齢が決まっているタイプと，一生涯払い続ける終身払いタイプがあります。

　また保障内容は，生命保険会社の一般的ながん保険（がん入院給付金，がん診断給付金，がん手術給付金等，給付条件に応じて一定額の給付金を受け取れる保険）と，主に損害保険会社で扱われるがん保険（がん治療に実際にかかった費用の実額を受け取れるがん保険）に分けられます。

4　所得補償保険，就業不能保険

　近年ではがんのみならずうつ病などの精神疾患も増えており，長期療養のリスク対策として注目されています。収入が減っても家賃や食費，光熱費などの生活費は変わらずかかり，さらに治療にともなう出費がかさみます。

　フリーランスのおひとりさまを中心に，もしものときの備えとして検討してみてはどうでしょうか。

PART Ⅲ-5　おひとりさま女性におすすめの保険

Ⅲ-5-1　将来は子供をと考えているおひとりさま女性は

「ゆくゆくは私も赤ちゃんが欲しい」と考えているおひとりさま女性には，将来の妊娠・出産に備えて**医療保険**に加入することをおすすめします。

なぜ妊娠前の加入なのかというと，妊娠・出産後になると医療保険の加入や引き受けについて制限がかかってしまうからです。

一般的に妊娠27週まではほとんどの医療保険に加入できますが「**特定部位不担保**」という条件が付きます。これはたとえば加入直後の出産で帝王切開手術を受けたとしても「手術給付金の保障対象外」となり給付金を受けられないという条件です。また妊娠28週以降は医療保険に加入できない場合が大半となっているのです。

また，妊娠中や出産時のトラブルは意外と多く，厚生労働省「平成29年　医療施設（静態・動態）調査・病院報告の概況」によると，約5人に1人の赤ちゃんが帝王切開手術によって生まれています。ほかにも重度のつわりや切迫流産，妊娠高血圧症などで入院や手術が必要になる可能性もあります。医療技術は日々進歩しているとはいえ，何が起こるか分からないのが妊娠・出産です。事前にできる備えをして，金銭的な不安は少しでも減らしておきたいものです。

Ⅲ-5-2　おひとりさま女性の病気のリスク

おひとりさま女性が注意しなければならない高リスクの病気はがんです。国立がん研究センター「がん罹患率の調査」（2019）では，20歳代から50歳代前

半ころまでの女性のがん罹患率は同年代の男性よりも高いという調査結果が出ています。

　また，がんの中でも特に注意しなければならないのがいわゆる「女性特有のがん」です。なかでも比較的若い年齢層に多いのが，子宮の入り口付近にできる「子宮頸がん」。そしてすべての年齢層でもっとも罹患率の高いのが「乳がん」です。医療保険の中には，こうした女性特有の病気への保障を手厚くした「女性向けの医療保険」もあるので加入を検討してみてはどうでしょうか。

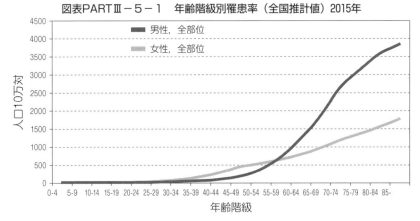

図表PARTⅢ－5－1　年齢階級別罹患率（全国推計値）2015年

資料：国立がん研究センターがん対策情報センター「がん登録・統計」
Source：Cancer Information Service，National Cancer Center，Japan
（「地域がん登録全国推計によるがん罹患データ」2019. 11. 7 更新）

図表PART Ⅲ－5－2　どの部位のがん罹患が多いか～年齢による変化

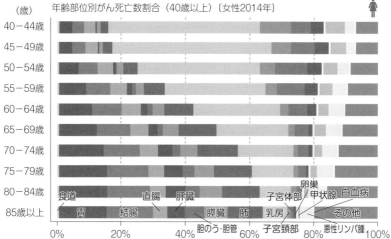

年齢部位別がん死亡数割合（40歳以上）〔女性2014年〕

資料：国立がん研究センターがん対策情報センター「がん登録・統計」
Source：Cancer Information Service, National Cancer Center, Japan

図表PART Ⅲ－5－3　どの部位のがん罹患が多いか～年齢による変化

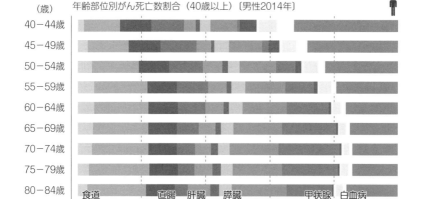

年齢部位別がん死亡数割合（40歳以上）〔男性2014年〕

資料：国立がん研究センターがん対策情報センター「がん登録・統計」
Source：Cancer Information Service, National Cancer Center, Japan
（「地域がん登録全国推計によるがん罹患データ」2019. 11. 7 更新）

Ⅲ-5-3 おひとりさま女性の保険加入状況

　では，おひとりさま女性はこのような病気や死亡のリスクに対してどの程度の準備をしているのでしょうか。生命保険文化センター「生活保障に関する調査」（2019）によれば，もしものときの医療保障を預貯金や保険など何かしらの方法で準備をしているというおひとりさま女性は68.5%でした。これに対し既婚女性は90.8%とはるかに高い割合で準備していると回答しています。

図表PARTⅢ－5－4　医療保障に対する私的準備状況（女性）

	準備している	準備していない	わからない
既　　　婚	90.8%	8.9%	0.3%
おひとりさま	68.5%	24.7%	6.7%

（日本生命文化センター　令和元年度「生活保障に関する調査」（2019）より）

　また，医療保障を生命保険で準備しているというおひとりさま女性は56.7%，既婚女性は80.2%という結果も出ています。おひとりさま男性と同様，既婚者の方がおひとりさまに比べてもしものときの準備の意識は高いようです。とはいえ，準備していないおひとりさま女性は「医療保障は要らない」と考えているわけではないようです。

図表PARTⅢ－5－5　医療保障に対する今後の準備意向（女性）

	準備意向あり				準備意向なし	わからない
	すぐにでも	数年以内に	いずれは	計		
女 性 全 体	4.8%	16.0%	46.7%	67.5%	27.8%	4.6%
おひとりさま	7.0%	17.7%	54.3%	79.0%	16.7%	4.3%

（日本生命文化センター　令和元年度「生活保障に関する調査」（2019）より）

　医療保障に対して，「今後準備をする考えはある」と答えたおひとりさま女性は79.0%で，女性全体の67.5%より高い結果が出ています。こちらもおひとりさま男性と同様，ケガや病気に対して準備しなければという意識はありながらも，ついつい後まわしにして手を付けていないというおひとりさまが多いの

ではないかと考えられます。

Ⅲ-5-4 おひとりさま女性におすすめの保険

　Ⅲ-5-3からもわかるように，おひとりさま男性に比べ「女性特有の病気」など若い世代のうちから医療保障へのニーズが高いにもかかわらず，そんなに保険に加入していないというのがおひとりさま女性の実情です。

　まずは女性特有のがん，妊娠・出産時のトラブル，ケガや病気になったときの費用をカバーできる医療保険やがん保険への加入を検討してみてはどうでしょうか。なお，医療保険やがん保険等の説明についてはPARTⅢ-4でお話ししていますのでここでは割愛し，表にまとめたものを掲載します。

図表PARTⅢ-5-6　おひとりさま女性の医療保険やがん保険

定期医療保険	ケガや病気による医療費の負担をカバーします。終身医療保険に比べて掛金が安く，大きな保障を付けやすいです。ただし，年齢が上がるほどケガや病気をしやすくなりますが，保障が切れた後の更新や切り替えが難しくなることもあります。
終身医療保険	入院や手術は高齢になるほど多くなる傾向にあります。終身医療保険は保障内容や保険料が生涯変わらないものが多い点が魅力です。ただし，現在では十分と思われる保障内容が将来は陳腐化する心配もあります。
がん保険	近年は通院や抗がん剤によるがん治療が増加していることを受けて診断一時金タイプもあります。この保険はがんに特化しているため，幅広く備えたいおひとりさまには不向きかもしれません。
所得補償保険・就業不能保険	入院状態が給付条件とならないため，在宅療養などの働けない状態にも備えられます。ただし，本来働いて得られる所得を補てんする保険であるため，加入できる人や補償額に制限があります。

火災や天災，事故への備えとして

Ⅲ-6-1 損害保険とは

　これまで主に生命保険についてお話ししてきましたが，ここでは火災や天災，事故等への備えとして「**損害保険**」についてお話しします。損害保険と生命保険の違いは「偶然のリスクによって発生した損害」を補償するところ。**偶然のリスク**とは「起こるかもしれないし，起こらないかもしれないリスク」です。例えば公益財団法人交通事故総合分析センターによると，2018年中に発生した交通事故は約43万件で3,500人以上の人が亡くなっています。しかし世の中には一生交通事故に遭わない人もいます。これに対し生命保険の死亡保険でいえば，どんなに丈夫で健康な人でもいつかは必ず亡くなりますからこれは「偶然のリスク」ではありません。

図表PARTⅢ-6-1　生命保険と損害保険の違い

第一分野 （生命保険の固有分野）	定期保険，終身保険，養老保険など。 人の生存または死亡に関して，一定額の保険金を支払うことを契約し，保険料を納める保険。
第二分野 （損害保険の固有分野）	火災保険，自動車保険，賠償責任保険，海上保険など。 一定の偶然な事故によって生じることのある損害を補償することを契約し，保険料を納める保険。
第三分野	医療保険，がん保険，介護保険，傷害保険など。 疾病及び介護，身体の傷害に関し一定額の保険金を支払うこと，または損害を補償することを契約し，保険料を納める保険。

　損害保険は上記のように，第二分野に分類されます。第三分野は生命保険，損害保険のいずれにも当てはまらない保険で，2001年から第一分野，第二分野のどちらの保険会社でも営業できるようになっています。

そして損害保険のいちばんの特徴は，「発生した損害額を補償する」というところです。**生命保険**は亡くなったり入院などした場合に一定額が支払われるという契約なのに対して**損害保険**は「交通事故を起こしたらいくら支払います」というのではなく，「交通事故で発生した実損額を支払います」という「**実損払方式**」が中心となっています。

Ⅲ-6-2 | 個人向けの損害保険

損害保険には法人向けと個人向けのものがありますが，ここではおひとりさまのために個人向けの保険を紹介します。

1　自動車の保険

いわゆる**自動車保険**です。「自動車損害賠償保障法」に基づき原則としてすべての自動車・原動機付自転車の保有者に加入が義務付けられている**自賠責保険**（強制保険）と，上乗せとして加入する**任意保険**があります。運転する人の範囲，年齢条件や使用目的により保険料は異なってきます。

2　住まいの保険

火災保険と地震保険です。**火災保険**は火災や風水害などの天災，建物外部からの物体の衝突，水濡れ，盗難などで生じた建物や家財の損害に備える保険。**地震保険**は地震や噴火，またはこれらによる津波を原因とする火災などにより生じた建物や家財の損害に備える保険です。なお地震等を原因とする火災の損害は火災保険では保証されないので地震保険は火災保険と併せて契約する必要があります。

3　からだの保険

傷害保険です。日常生活中，スポーツ中，旅行中など突然の事故によるケガや死亡，後遺障害，入院，通院などが保障されます。また特約で「他人の物を壊したりケガをさせてしまい損害賠償責任が発生したときの補償」，「他人から預かった物を壊してしまったときの補償」など様々な賠償責任特約を付けることもできます。

4　旅行の保険

国内旅行傷害保険は自宅を出発して帰宅するまでの旅行期間中に発生した損害を補償し，主に旅行中のケガや手荷物の盗難などの損害を補償します。また，海外旅行保険は主に海外でのケガや病気による治療費を補償します。

5　レジャーの保険

日本国内において，ゴルフ，スキー，テニスなどのスポーツやレジャー，日常生活中に発生したご自身のケガや第三者への法律上の損害賠償が補償されます。**レジャーの保険**として代表的なものはゴルファー保険。ゴルフ用具の盗難や破損のほかホールインワンやアルバトロス達成時の「御祝儀」等に備える特約もあります。また近年では乗馬の保険，社交ダンスの保険，ロードレース保険などその内容は多岐にわたります。

Ⅲ-6-3 契約期間中にすべきこと

せっかく契約した損害保険もちゃんとメンテナンスしないと，いざというときにその効力を十分に発揮できないことがあります。自動車保険なら車を買い替えたとき，火災保険なら契約対象の家屋で増改築があったとき，引っ越しや所有者の変更をしたときなどです。このようなときは契約者自身から損害保険会社または代理店に連絡しなければなりません。これを「**通知義務**」といい，違反すると最悪の場合保険金が支払われないこともあります。

また契約期間中に契約内容を変更する場合，追加の保険料が必要になったり，逆に保険料の一部が返還されたりします。たとえば大型車を軽自動車に買い替えた場合は保険料が下がる場合が多く，残りの契約期間に応じて保険料の一部が返還されます。あるいは契約期間の途中で車を処分して解約の申し出をした場合などは，残りの契約期間に応じて保険料が返還されます。

最後に，忘れてはならないのが保険の満期日と継続手続きです。通常ほとんどの場合，満期の到来前に損害保険会社から通知書が郵送されてきますがこれをうっかり忘れて継続手続きを怠ってしまうと，原則としてほんの1日過ぎた

だけでも補償を受けることは出来ません。損害保険の効力を最大限に生かせるよう，加入時だけでなく契約期間中のメンテナンスにも十分注意して下さい。

Ⅲ-6-4 貯蓄は三角，保険は四角

よく聞く言葉ですがどういうことでしょうか。PARTⅢ-1では「貯蓄か保険か」についてお話ししました。「自分は貯蓄しているから保険は要らないよ」という方もいます。ここでは貯蓄と保険の違いについてお話しします。

図表PARTⅢ-6-2　貯蓄と保険の違い

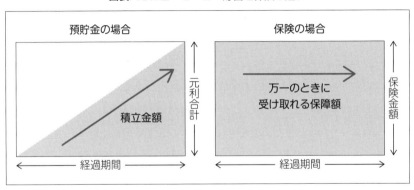

貯蓄は多くの場合，コツコツと積み立ててお金を増やします。その金額は時間の経過とともに増え，図形にすると右肩上がりの三角形になります。

これに対して保険は，加入した直後から契約期間を通して一定した保障を受けることができ，図形は四角形になります。

これが「貯蓄は三角，保険は四角」といわれるゆえんです。若いころには貯蓄額が少ないのが一般的です。それゆえ保険の意味は非常に大きいのです。

もしもの備えは生活費の半年分以上

Ⅲ－7－1 | 万が一に備える最低限の額

　もしもの時の備えのために保険が重要であることは今までお話ししてきたとおりですが，かといって保険に加入すれば貯蓄が少なくても大丈夫というわけではありません。

　入院してしばらく家を空けることになっても，固定費である家賃や水道代などの光熱費は発生しますし，携帯電話の料金等通信費も発生します。また入院中の身の回り品の購入や飲食費，テレビのカード代など支出は意外とあります。入院するケガや病気の程度，入院期間にもよりますが，最低でも通常生活にかかる費用の3か月分，できれば半年分の貯蓄があればそのような金銭的な不安も軽くなると思います。

図表PARTⅢ－7－1　1日あたりの医療費（自己負担額）はどれくらい？

（公益財団法人・生命保険文化センター，「生活保障に関する調査」令和元年度）より

図表PARTⅢ－7－2　入院した時にかかる費用はどれくらい？

（単位：％）

- 100万円以上　2.7
- 50〜100万円未満　8.4
- 30〜50万円未満　11.7
- 20〜30万円未満　13.3
- 5万円未満　7.6
- 5〜10万円未満　25.7
- 10〜20万円未満　30.6

平均
20.8万円

（N：369）

（公益財団法人・生命保険文化センター，「生活保障に関する調査」令和元年度）より

　また，同調査によると入院経験がある人の直近の入院における入院日数は平均で15.7日という結果も出ています。あくまでも平均値ですが，これらの図表から，一度ケガや病気で入院するとある程度まとまったお金や時間が必要になることがわかります。そして先ほどお話ししたように家賃などの生活費があること，収入が減少することなどを考えると，おひとりさまの入院はなかなか大変なことであると推測されます。また入院して家を空けている間，ポストには新聞やチラシが溜まります。長期間不在を外部に知らせ防犯上の問題も出てきますが，この点についてはPARTⅢ－10でお話ししましょう。

Ⅲ-7-2　どうやって貯める？

　ここでひとつ提案ですが，「自動的に貯まる仕組み」をつくるというのはどうでしょうか。具体的にはお給料や報酬が振り込まれる銀行で**自動積立預金**を契約する方法で，これならば貯金するたび銀行へ行く手間もなく，確実に貯蓄できます。また勤務先に**社内預金**や**財形貯蓄**の制度があればそれを利用するという方法もあります。お給料や報酬を手にする前にひかれてしまうため，残り

のお金でやりくりするほかないのが厳しいところですが，それも慣れれば何とかなるもの。「次のお給料のときに余ったお金を貯金すればいいや」というのではなかなか貯まるものではありません。

Ⅲ-7-3 貯蓄を増やすには節約できるところを探す

　貯蓄を増やすにはまず節約して支出を減らすことを考えましょう。収入の方は思い立ったらすぐに増えるというものではありません。

　そのためにはどうしたらよいか。例えば外食をゼロにして自炊に切り替えたり，新しい服や靴を買うのを我慢したらどうでしょうか。確かにこれを実行すれば支出は確実に減ります。しかし貯蓄に意識を向けすぎて，支出に罪悪感を抱きストレスを溜めすぎると，ある日思わぬところで衝動買いに走ってしまうかもしれません。

　本気で貯蓄を増やすには家計の収支を把握し，支出を削る必要があります。まずは「年間にいくらお金が入ってきていくらお金が出ていくのか」ざっくりでよいので書き出してみましょう。書き出す項目は，毎月の収入のほか「管理不能固定費」「管理可能固定費」くらいの分類で。**管理不能固定費**は家賃や保険料など毎月決まった金額の支払い，**管理可能固定費**は食費や交際費などです。ポイントは管理不能固定費の見直し。生命保険料などは口座から自動的に引き落とされるため支払っているという意識があまりありません。まずは現在のご自身の生活に合ったプランに見直し「**保険の断捨離**」をしてみてはどうでしょうか。

　また管理可能固定費に関しても不要な支出はないかチェックすることをおすすめします。携帯電話のプランを見直す，行かなくなったジムを退会するなど「ここは断捨離！」と色々な契約プランを見直すことで支出を抑えられるかもしれません。その他毎日の小さな支出も年間に換算すると意外な額になるものです。水筒を持参してカフェの回数を減らす，ときにはランチをお弁当にしてみる，電車は目的地の1駅手前で降りて歩いてみるなど，習慣を一つ変えてみ

ることも気分転換を兼ねて効果大です。この時大切なのは全てを切り詰めるのではなく，「必要なものは残して不要なものを捨てる」と意識すること。資格取得のための支出などはおひとりさまご自身の豊かな将来への投資です。金額でどうこうというよりも価値での基準で考えましょう。

Ⅲ-7-4 | ボーナスは貯蓄を一気に増やすチャンス

　総務省「家計調査　家計収支編　単身世帯」（2018）によれば，35歳〜59歳の働くおひとりさま女性の毎月の貯蓄平均額は32,648円となっています。

　ざっくり３万円として，１年間12か月で36万円。とりあえず100万円貯めてみようと思ったら３年近くかかります。しかし万が一はいつ来るか分からないもの，そんなに時間はかけられません。近いうちにある程度まとまった貯蓄額にしようと思うならボーナスが貯蓄を増やすチャンスです。

　先に挙げた毎月の平均貯蓄額３万円のおひとりさま，12か月で年間36万円，ここに夏冬のボーナスから６か月相当分の18万円ずつ合計36万円を貯蓄にまわせば年間合計72万円になります。平均したら当初の倍，じつに毎月６万円の貯蓄をしたのと同じことになります。これならば毎月の貯蓄は３万円のまま現状維持でOK。支出を削っての節約は苦手など日々の生活をあまり変えたくないというおひとりさまにはこんな方法もあります。なお貯蓄についての具体的な方法についてはPART Ⅳをご覧下さい。

PART III−8 将来の不安への対策は早目に

III−8−1 老後に必要な貯蓄額はどれくらい？

　わが国は世界でもトップクラスの長寿国です。日経新聞（2019.7.30）の記事によると2018年の日本人の平均寿命は，女性が87.32歳，男性は81.25歳です。老後はほとんどの方に訪れ，しかも長い間続きます。安心して年齢を重ねていくためにはどれくらいのお金が必要なのでしょうか。

　たとえば，毎月30万円で暮らすおひとりさまが65歳の定年まで働き，その生活を維持しながら平均寿命まで生きるとすると，（87歳−65歳）×30万円×12か月＝7,920万円必要になります。

　では次に「老後にもらえるお金」をチェックしてみましょう。次のリストからご自身が加入しているものを確認してください。

図表PART III−8−1　老後にもらえるお金の一覧

① 老齢基礎年金	国民全員が加入
② 老齢厚生年金	会社員や公務員などが加入
③ 国民年金，小規模企業共済	個人事業主や会社役員などが加入
④ 企業年金	勤務先によります
⑤ 個人型確定拠出年金	自分で自分のために用意するもの
⑥ 保険（個人年金，保険の満期金など）	自分で自分のために用意するもの
⑦ その他	仕事や副業，運用などで得る収入

　基礎年金は20歳〜60歳まで40年間支払うと，1年間にもらえる金額は満額で約78万円です。もらえる時期は原則65歳からですが，減額して60歳から，増額して70歳からなどの調整もできます。厚生年金は35年間加入していて，その間

の平均年収が500万円くらいのおひとりさまの場合，年間100万円ほどです。これを合わせると，ざっくりですが年間約180万円が年金収入になります。退職金はだいたいの平均額として1,800万円とします（**図表PARTⅢ－8－1**参照）。退職金は，当然ながらお勤めしている会社や勤続年数などによって変化します。ご自身の会社の制度を調べてみてください。

　また，お勤めの会社で企業年金制度のある方や，ご自身で確定拠出年金や個人年金保険などで備えている方にはその分がさらにプラスされます。

図表PARTⅢ－8－2　退職給付額の平均

（単位：万円）

	大学・大学院卒				高　校　卒			
	退職給付制度計	退職給付制度の形態			退職給付制度計	退職給付制度の形態		
		退職一時金制度のみ	退職年金制度のみ	両制度併用		退職一時金制度のみ	退職年金制度のみ	両制度併用
H30年調査計	1,983	1,678	1,828	2,357	1,618	1,163	1,652	2,313
勤続20－24年	1,267	1,058	898	1,743	525	462	487	1,239
25－29年	1,395	1,106	1,458	1,854	745	618	878	1,277
30－34年	1,794	1,658	1,662	2,081	928	850	832	1,231
35年以上	2,173	1,897	1,947	2,493	1,954	1,497	1,901	2,474

（厚生労働省「退職給付（一時金・年金）の支給実態」（平成30年調査））

　以上を合わせると，**（87歳－65歳）×180万円＋1,800万円＝5,760万円**となり，老後に必要な額から差し引くと**7,920万円－5,760万円＝2,160万円**になります。この算式は公的年金と厚生年金，退職金のみですが，その他ご自身で備えのある場合この金額は変化します。

Ⅲ－8－2 | 貯蓄性のある保険を考えてみる

　では，現在35歳のおひとりさまが65歳まで仕事をするとして，定年までの30

年間でこの金額をどのように貯めたらよいでしょうか。

$$2,160万円÷（65歳－35歳）÷12か月＝6万円$$

　PART Ⅲ－7では，もしものときの当面の備えとしての貯蓄についてお話ししました。

　平均的なおひとりさま女性の貯蓄額，毎月3万円に年2回のボーナスからそれぞれ18万円ずつ，年間合計72万円という結果でしたが，この方法ですと毎月平均6万円となり上記の計算結果に大体かなうことになります。さらに豊かな老後を希望するという方は，貯蓄性のある保険として**個人年金保険**を考えてみてはどうでしょうか。以下，個人年金の種類と特徴を紹介します。

1　確定年金：生死にかかわらず受け取ることができる

　被保険者の生死にかかわらず，一定期間年金を受け取ることができます。死亡した場合は遺族に支給されます。

2　終身保険：生存している限りは一生涯受け取れる

　被保険者が生存している限り一生涯年金を受け取ることができます。保険料は確定年金より高めですが，長生きするほど多くもらえます。年金受取人が死亡すると同時に支払いは終了，遺族への支払いはありません。

3　有期年金：生存している限り一定期間受け取れる

　被保険者が生存している限り，10年または15年といった一定期間年金を受け取れます。満額受け取れば年金額は確定年金よりも多くなりますが，早く亡くなると元本割れする可能性もあります。

4　変額個人年金：保険会社の運用次第で年金額が変わる

　上記の3つは寿命によって受取額の合計は変わるものの，年金額は確定しています。これに対し，保険会社の運用実績によって年金額の変わるのがこの保険です。運用の結果により保険料を上回る金額を受け取ったり，元本割れすることもあります。

5　外貨建て年金：外貨で運用される変額年金

　変額個人年金のうち，運用をドルやユーロなど外貨で行うものをいいます。

高い利回りが期待される反面，為替レート次第では損失を受けることもあります。

　個人年金は，保険料が指定した口座から自動的に引き落とされるので「余ったら貯蓄すれば」という方法より計画的で強制力があります。また，個人年金のための保険料は所得控除の対象となるため節税対策としてもメリットがあります。そのほか個人年金以外の私的年金として近年，**個人型確定拠出年金**（iDeCo）が注目されています。iDeCoとは，毎月一定額を積み立て，投資信託などで運用していく国の制度で，掛け金は所得控除の対象となり所得税や住民税が軽減されます。また，投資信託の運用益や定期預金の利息には20.315%の税金がかかりますがiDeCoはすべて非課税になります。そして年金を受け取るときにも所得控除が受けられます。定期的に受け取る場合には「**公的年金等控除**」，一時金で受け取る場合には「**退職所得控除**」の対象となるなど，税制上でも様々なメリットがあります。60歳まで引き出すことができませんが，ならばこそほかのことに使ってしまう心配なし。確定拠出年金は積立額を変更したり，積立を休んだりできるため続けやすいのも魅力です。ある程度自由に引き出せる預金も確保したいのであれば通常の預金と併用するのもよいでしょう。

Ⅲ-8-3 さらに投資を考えてみる

　iDeCoとともに現在，国が推奨している制度につみたてNISAがあります。NISAは2014年1月に始まった少額投資非課税制度で，購入した年から最長5年間税金がかからないという制度です。毎年120万円までしか利用できませんが最長5年間，つまり最大600万円の投資から受け取る利益に対し税金が非課税になります。これに対し2018年1月から始まったつみたてNISAは積み立て投資専用の口座で，毎年上限40万円の投資額まで，一定の条件を満たす投資信託を積み立て形式で購入した場合に得た利益が最長20年間非課税になる制度です。

図表PART Ⅲ－8－3 「つみたてNISA」・「一般NISA」・「iDeCo」の制度の違い

	つみたてNISA	一般NISA	iDeCo
利用 できる人	日本に住む20歳以上の人（年齢上限なし）	日本に住む20歳以上の人（年齢上限なし）	日本に住む20歳～60歳未満の人
新規に投資 できる期間	最長20年 （2018年～2037年）	5年間 （2014年～2023年）	60歳になるまで
非課税期間	投資した年から 最長20年間	投資した年から 最長5年間	70歳になるまで
年間投資 上限額	40万円	120万円	14.4万円～81.6万円 （加入者による）
累計非課税 投資上限額	800万円（2019年からならば760万円）	600万円	加入者による
非課税 メリット	運用益が非課税	運用益が非課税	運用益が非課税 掛け金が所得控除受取時に控除あり
投資対象 商品	金融庁の基準を満たす投資信託・ETF	国内外の上場株式・株式投資信託	定期預金・保険・投資信託

　貯蓄といってもゼロ金利といわれる現在，利息だけではほとんど増えることはありません。大手都市銀行の預金の金利は0.001%（2020年2月現在）です。かといって定期預金にしても0.02%，たしかに利率は普通預金の20倍もありますが，それでもわずかなもの。貯蓄のすべてを投資にすることはおすすめしませんが，預金をベースに家計の断捨離や増えた収入から生まれた余裕資金，毎月の預金の一部などをiDeCoやNISAなどに分散しながら運用してみてはどうでしょうか。

PART III-9 おひとりさまの家計の やりくり

III-9-1 | おひとりさまの収入と支出

　総務省統計局「単身世帯の家計収支及び貯蓄・負債に関する結果」（2014）によると，平成26年10月・11月におけるおひとりさまの一か月あたりの収入と支出の全国平均は以下のようになっています。

図表PART III-9-1　単身者の収入・支出の全国平均

（単位：円）

	男女平均	男　性	女　性
実　収　入	298,643	332,851	250,527
可処分所得	248,149	275,985	208,996
消　費　支　出	183,179	181,492	185,552

（総務省統計局（2014）より抽出）

　また，全年齢階級から40歳代おひとりさまの数字を抽出すると，消費支出の費目構成は次の表のようになります。

図表PART III-9-2　40歳代単身者の消費支出の費目構成

（単位：％）

	男　性	女　性
食　　料	25.2	20.1
住　　居	23.0	11.1
光熱・水道	5.3	5.9
家具・家事用品	1.8	2.7
被服及び履物	3.1	6.4
保　険　医　療	2.6	4.2
交通・通信	13.4	15.7
教育・娯楽	12.8	9.9
その他の消費支出	12.7	24.1

40歳代おひとりさまの消費支出上位5位は，男女ともに食料，住居，交通・通信，教養・娯楽，その他の消費支出となっています。住居の数値が思いのほか低いですが，全年齢層での単身者の持ち家率が60％であること，都市部を離れると家賃が安くなることなどが要因と推測されます。また，おひとりさま男性では食料の占める割合が大きいですが，食料全体のうち外食が47.1％とほぼ半分で，自炊をあまりしないという結果が出ています。対しておひとりさま女性は，交際費などの「その他の消費支出」が多く，友人関係やプライベートを大切にしたいというライフスタイルが見えてきます。またPARTⅢ－4，PARTⅢ－5でおひとりさまの保険準備状況が既婚者に比べて低いことをお話ししましたがここではそれが数字になって表れています。

Ⅲ-9-2 おひとりさまの家計のやりくり

さて，本書ではモデルケースのおひとりさま女性を設定しています。都内在住で35歳。給与の他にボーナスが年2回で2ヵ月分ずつ，多少の残業代などで年収は約500万円の家賃は10万円です。ざっくりですが，社会保険，所得税，住民税等を差し引くと毎月の手取り額は約27.5万円（ボーナスは考慮せず）になります。問題はこれをどうやりくりするか。あくまでも目安ですが，家賃と貯蓄の合計を手取り額の半分にしてはどうでしょうか。

　　275,000円÷2＝137,500円

　　ここから－家賃100,000円＝貯蓄37,500円

　そうすると毎月の貯蓄額は4万円弱，PARTⅢ－7で紹介した貯蓄方法ならば1年間で約90万円の貯蓄が可能に。またPARTⅢ－8で計算した，老後のために必要な額を目標にした貯蓄額もゆうゆうクリアできることになります。

　そして残りの半分で食料，光熱費，通信費などをまかなうわけですが，先の「おひとりさまの全国平均」を参考に割り振ってみましょう。どこかに無駄なところはないか，スリム化できるところはないかチェックしつつ，その中で毎月の保険料はどれくらいが適当でしょうか。

次の表は生命保険文化センター「生活保障に関する調査」（2019）の年間払込保険料を集計したものです（集計ベース：生命保険・個人年金保険加入者）。おひとりさま世帯だけではなく，全世帯を対象にした調査結果になっていますが，ある程度の参考にはなると思います。全体として，年間に支払う生命保険料が36万円までの方が全体の80％を占め，12万円未満の方が最多となっています。全体の平均支払額は19.6万円というのを考えると，おひとりさまは月平均２万円くらいが妥当なところではないでしょうか。保険はもしもの時に備えるもの，それが日常生活の負担になるのはいかがなものかと思います。また，保険会社の人にすすめられるまま加入し，契約内容を覚えていないという方はかなりいます。趣味やスポーツを楽しみ，友人関係を広げたいおひとりさまの生活スタイルは十人十色。無理のない範囲で，ご自身のライフステージやライフプランに合わせて内容を見直す**「保険の断捨離」**をおすすめします。

図表PART Ⅲ－９－３　年間払込保険料（全生保）

（単位：％）

	12万円未満	12－24万円	24－36万円	36－48万円	48－60万円	60万円以上	わからない	平均
全　体	34.1	31.1	15.9	6.4	2.9	3.4	6.4	19.6万円
男　性	25.8	28.3	21.5	9.1	3.6	4.9	6.9	23.4万円
女　性	40.2	33.1	11.7	4.3	2.4	11.0	4.4	16.8万円

（生命保険文化センター（2019））

　繰り返し申し上げますが，やがて確実に訪れる老後を見据えた貯蓄をしつつ，もしもの時に備えるためのやりくりには**「保険の断捨離」**はもちろんですが，**「家計の断捨離」**も必要です。とはいっても慣れた生活スタイルを変えるのはなかなか大変なもの。一気に切り詰めるとストレスも溜まります。たとえば，友人・知人たちとの付き合いを４回に１回くらい減らしてみるのはどうでしょうか。そうすればもう25％削減です。せっかく自由な「おひとりさま生活」いきなり切り詰めたりせず少しずつゆっくり，でも確実に進めることを考えましょう。また節約を進める一方**「自身への投資」**も検討したいところです。資

格を取るなどスキルを上げることは収入アップにつながり，ひいては将来の豊かな生活へとつながります。

Ⅲ-9-3 リスクの対策は日常生活から

　Ⅲ-9-1で触れましたが食料は男女共に大きな割合を占めています。頼れる友人関係，幅広い友人関係を持ちたいおひとりさまは誘われるとなかなか断れないもの。しかし外食はとかく栄養が偏りがちでお肌にもよくありません。生活習慣病対策で塩分，糖質，脂質を抑えるため夜の外食を減らしたり，たまにランチをお弁当にするのは健康管理の第一歩に。カフェに行く回数を減らしマイ水筒を持ち歩くなどもその対策の一つになります。

　また，休みの日は散歩に出かけるのもおすすめです。毎日朝早くから仕事に出かけて帰りは夜遅く，近所のことはコンビニくらいしか知らないという方が結構います。PARTⅢ-10でも紹介しますが，自分の住んでいる街にはどんな施設があるのか，緊急の避難場所はどこなのか，職場から徒歩で帰宅する時はどの道を通ればよいのかなど，歩いてみないとわからないことは沢山あります。またそうすることで自然と体を動かす習慣もつきます。

　「節約はつらいもの」と考えがちですが，健康な生活を心がけると自然と節約に向かう結果になるのではないでしょうか。ケガや病気に備えるため，事故や災害などに備えるために保険は確かに大切ですが一番大切なのは病気にならないこと，災害や事故などのときに冷静に対処できるようになることです。健康な生活を心がけることは有効な「リスク対策」となります。そのうえそれが節約につながり，老後に備えての貯蓄を後押しするものとなるのであればチャレンジしない手はありません。やりくり上手なおひとりさまは健康なおひとりさまでもあるのです。

PART Ⅲ-10 頼れるのはお金（保険）だけではない

Ⅲ-10-1 おひとりさま生活の悩み

　よく企業においての大切なものとして「ヒト，モノ，カネ」それに加えて昨今では「情報」を加えた４つがよく語られますが，これはおひとりさま生活においても当てはまります。PARTⅢではこれまで「リスクに備える」ためにまず貯蓄，それだけではまかなえないときのために保険，すなわち「モノ」「カネ」についてお話してきましたが，この節では残りの２つ，「ヒト」「情報」についてお話しします。

　例えばもし体調を崩すなどして病院に行き検査をしたらそのまま即入院となってしまった場合どうしましょう。ねまきや洗面具などの身の回り品を取りに帰る事も出来ずに困りますし，なにより心細く不安になります。

　実家が近くにあるおひとりさまならばご家族に電話すれば何とかなりますがそうでない場合，いざというときのためにある程度の準備と，駆けつけてくれる友人や知人がいると心強いです。

　しかし実際はどうでしょうか。東京ガス「都市生活レポート」（2016）によると，おひとりさま生活において，「あいさつする程度」の浅い付き合いの「全くない」人が約半数，「積極的に近所づきあいをしたい」人は１割前後となっています。その理由として「どんな人が住んでいるかわからない」「防犯上の理由から」などが報告されています。その反面，別のレポートでは地震等の災害時に「近隣に知人がいない」「誰を頼っていいのかわからない」という不安が目立つとあります。近年のニュースに見る犯罪等を考えますと，とくにおひとりさま女性には相反する心配が重なり難しいところです。

　では，どうすれば近所づきあいが出来るでしょうか？近所づきあいにはどん

なメリットがあるでしょうか？

図表PART Ⅲ－10－1　集合住宅に住む未婚単身者の地域コミュニティの実態と意識

未婚単身者の近所づきあいの実態と意識	・　未婚単身者は近所づきあい人数が少なく，同じ集合住宅内で「挨拶する程度」の浅いつきあいが「全くない」人が約半数。 ・　未婚単身者も2人以上世帯も，「積極的に近所づきあいをしたい」人は1割前後。 ・　未婚単身者が近所づきあいしたくない理由は，「どんな人が住んでいるかわからない」がトップ。20～30代女性では，「防犯上の理由から」が2～3割と特に高くなっている。
コミュニティ活動への参加実態と意識	・　地域コミュニティ参加者は，近所づきあいへの満足度が高く，地域への継続居住意向も高い。 ・　未婚単身者の参加率が高いコミュニティ活動は，地域外の「運動・スポーツサークル」「趣味サークル」「学生時代の友人によるグループ」。 ・　未婚単身者が，地域外の「運動・スポーツサークル」「趣味サークル」に参加する理由は，活動自体の魅力に加え「自分のペースで参加できること」も価値になっている。

（東京ガス株式会社広報部「都市生活レポート」（平成28年10月4日）より）

Ⅲ－10－2　近所づきあいのメリット

では近所づきあいをすることのメリットをいくつか挙げてみます。

1　不審者の情報共有

近隣の人達との交流があれば，「最近あやしい勧誘をする人がうろうろしている」「あそこの公園で不審者が出た」などの情報を共有することが出来ます。こういった情報の共有は日常生活のリスクを減らすためにも有効な手段の一つといえます。

2　近隣トラブルが起こりにくくなる

逆なのでは？と思われるかもしれませんが，トラブルやクレームは顔の見えない，相手がどういう人か判らない場合に起こりがちです。挨拶するなどある程度の近所づきあいがあればお互い事情を酌むところもあります。また初対面でクレームをいうより，ある程度の顔見知りの関係であれば穏やかに話せるこ

とも多くなります。

3　街の口コミ情報

　歯科医や耳鼻科など街中の小さな医療機関のおすすめ，あるいは飲食店や地域のイベント情報，さらには害鳥や害虫，雑草等の対処法など，ちょっとした立ち話から新たな情報を得ることもあります。

ネットを使えば溢れるほどの情報が手に入る現代ですが取捨選択が大変，逆に実体験に基づく地域密着の小さな情報はより貴重なものといえます。

4　おすそわけできる

　おひとりさま生活をしているとたまに，実家から段ボールで大量の果物や食料が送られてきたりすることも。とてもありがたいのですが余らせて腐らせてしまうこともしばしば。私の経験からですが，おひとりさまはあまり果物を買わないようで（極端な例ではスイカなど）近所の行きつけの店に持って行くと常連のおひとりさまたちにとても喜ばれます。お礼にお菓子をもらうこともあったりしてそれもまた嬉しいこと。果物によりません，おすそわけすることで，近所づきあいの第一歩も自然に踏み出せます。

5　気にかけてもらえる

　これは私ではなく実家の母のことなのですが，だいぶ足腰も弱り外に出るときは歩行器を使っています。私も比較的近くに住んでいるので週に一度くらいは様子を見に寄るのですが，日頃からご近所の方が声をかけてくれたり様子を見に行ってくれたりしています。母は今の家にずっと住んでおり，近所の方たちとも仲がよく，私の小学校，中学校時代のママ友や私自身の友人（同級生や先輩後輩）も多く，近所づきあいの賜物であると感謝しています。

6　災害時の助け合い

　東日本大震災では人とのつながり合いの大切さを再確認した人が多いといいます。少ない物資を分け合うなどはもちろんですが，顔見知りであればこそ「あそこのおばあちゃんがいないから探そう」など助け合う事も出来ます。また普段からコミュニケーションがとれていれば有事にかぎらず，日常の困ったときにも助けてもらえるのではないでしょうか。

近所付き合いのメリット

① 不審者等の情報共有

② 近隣トラブルが起こりにくくなる

③ 街の口コミ情報

④ おすそわけできる

⑤ 気にかけてもらえる

⑥ 災害時の助け合い

Ⅲ-10-3 地域とのつながりを持つ

　たしかに，おひとりさまは近所づきあいが希薄になりがちです。今のところ
にずっと住み続けるとはなかなか考えられないこと，朝早く仕事に出かけ，夜
遅く帰宅する。休みの日はゆっくり寝坊してから掃除や洗濯，ともすると休み
の日は家から一歩も出ないことも。まずはここから変えてみてはどうでしょう
か。

　たとえば休みの日，土日のどちらかは早起きして散歩に出てみる。それも地
域の広報誌などを手にして。近隣地域にはどんな施設があるのか，どんな取り
組みがあるのか，避難場所となる施設や公園広場はどこにあるのか，有事に徒
歩帰宅するならその経路はどうなのか。もちろん美味しそうな飲食店などの
チェックもぬかりなく。災害リスク管理の第一歩とともに健康リスクの管理に
もつながり一石二鳥です。そして次は地域の防災訓練やイベントなどに参加し
てみるのも一案。理由なく隣近所の人とつながりを持つのに抵抗あるというお
ひとりさまでもこれなら大丈夫。いざという時の対処方を学びながら隣近所の
方と協力し合えばまた得るものも多いと思います。そして後日，そこで見知っ
た顔にばったり出会ったときは自然とあいさつも出てくるのではないでしょう
か。「モノ」，「カネ」（貯蓄や保険など）だけではありません「ヒト」，「情報」
も大切な財産です。おひとり様生活に降りかかる様々なリスクへの対策として

地域の情報を吸収し，地域の人たちと付き合っていくということもまた大切なことなのです。

　最後に，災害リスク対策としてもうひとつ。損害保険，生命保険等に加入することはもちろん大切なことですが，実際に被災したときの生活準備も忘れずに（PARTⅡ－8参照）。保険金が給付されればその後の生活は保障されますが，当面の生活については非常食などの備えが必要です。よく「**最低3日分**」といいますが，都心部で道路が寸断されることも想定すると，備えるべき生活物資は「**最低1週間分**」ともいわれます。水はペットボトルで備蓄して使いながら新しいものに順次入れ替える。食料は缶詰や乾パンなど長期保存のきくものはもちろんですが菓子類など嗜好品もあると気持ちが和らぎます。また災害時ばかりでなく急な病気などへの備えとしてねまきや下着，洗面道具一式などを入れたカバンを用意しておくこともおすすめします。これも持ち出しやすくしておくことで，急な入院などのときも，「あのカバン持って来て！」と家族や友人に連絡するだけなので安心です。保険証のコピーなどもその中に備えておくとよいでしょう。あとは現金。災害時など電気が止まるとキャッシュレス決済は全て使えなくなります。ある程度の現金も入れておくとよいでしょう。

PART **IV**
金融資産をふやす

PART IV-1　貯蓄環境の整備

IV-1-1 | 貯蓄のすすめ

　収入が同じなのにお金がたまる人とお金がたまらない人がいます。お金がた
まる人は欲しいものを全て我慢し，全く趣味がないかというとそうではありま
せん。毎日楽しく生活をしながら，しっかりお金を貯めている人も多いのです。
一方で，毎月食費を節約し，趣味もせずに我慢しても，貯蓄を増やせずに頭を
抱えている人もいます。どうやら違いはそこにはないようです。では，お金が
たまる人とお金がたまらない人の違いはどこにあるのでしょう。

　では，お金がたまる人とそうでない人の違いを，貯蓄の環境の整備，そして
無理せず貯蓄しているかどうかの2点で考えてみます。

---

① 　貯蓄環境が整備されている。

② 　無理せず貯蓄している。

IV-1-2 | 2つの実践

　お金がたまる人の条件の1つ目について考えてみましょう。貯蓄環境の整備
です。皆様は，銀行口座を1つは持っているでしょう。それは，給与の振込口
座でしょうか。まずは，今使っている銀行口座をもう一度見直してみましょう。
但し，見直すといっても銀行口座を変える必要はありません。銀行口座は，会
社に勤めていれば給与の振込口座であったり，住宅を購入している場合には住
宅ローンの返済口座だったりします。この場合，銀行口座を容易には変えられ
ません。もちろん，今使っている銀行口座を今後も使い続けて構いません。こ

こで言う**貯蓄環境の整備**とは，具体的に以下のことを実践することです。

　貯蓄環境を整備すること，つまり

---

① 　銀行口座のサービス内容を知り，そして

② 　使う口座以外に貯める口座を設ける。

この2点を実践することです。

Ⅳ-1-3 ｜ サービス内容を知る

　普通預金の場合，銀行の窓口やATMでの引き出し・預け入れ，振込み，公
共料金の支払いなどができることはご存知でしょう。但し，ATMの利用時間
や手数料の仕組み，コンビニATMの利用時間や利用内容，手数料の仕組み，
さらにはネットバンキングサービスの利用について知らない人は案外多いので
す。

　一般的にATM手数料が発生する時間帯は次の**図表PARTⅣ-1-1**のとお
りです。ATM手数料の仕組みを知っていれば，時間外に現金を引き出すなど，
無駄な支出は減ります。無駄なお金を使うことは本当にもったいないことです。

図表PARTⅣ-1-1　一般的なATM時間外手数料例

	0:00　　8:00　　8:45			18:00　　　21:00　22:00　23:00　24:00			
月曜～金曜	220円	110円	無料		110円		220円
土曜日	220円	110円					
日曜日		110円					
祝日・振替休日	220円	110円					220円

　一度，自分の預金通帳をじっくり確認してください。ATM時間外手数料の
支払いが生じていないでしょうか。手数料が取られていたら，まだ貯蓄意識が
足りないと思ってください。もちろん，ついATM時間外手数料を取られるこ
ともあるでしょう。その場合にも，手数料を取られた日は1日中ショックで落

ち込むくらいでなければなりません。大げさではなく，無駄なお金は1円でも無駄にしない意識が重要なのです。

　但し，仕事の都合上どうしても時間外でなければ引き出せないという方もいるでしょう。そのような方は，是非，コンビニ・ATM時間外手数料無料サービスについて確認してみてください。条件は銀行によって違いますが，例えば，月平均一定額以上預金しているとか，給与の受取口座である場合など，コンビニ・ATM時間外手数料が月数回無料になるサービスを行っています。

　また，ネットバンキングを活用するのも良いでしょう。**ネットバンキング**とは，振込みや残高確認を，パソコンやスマホなどを利用してネットで行うサービスです。ネットバンキングを使うことにより，手間が格段に減るばかりか，ネットで残高照会をする習慣が身につけば，確実に貯蓄の意識は高まり，ATM手数料が節約できるようになります。

Ⅳ-1-4 貯める口座を設ける

　さて，銀行のサービス内容を理解したら，次に，お金を頻繁に出し入れする口座とお金を貯める口座を分けてみましょう。お金を頻繁に出し入れする口座，つまり**生活資金口座**は，今使っている口座のままで良いでしょう。一方，その口座とは別に，**貯める口座（貯蓄口座）**を設けるのです。つまり，銀行に貯金箱を作るのです。貯蓄口座は，資金が移動しやすいように既存の銀行で別口座を作っても良いでしょう。また，少しでも金利が高くなるようにネット銀行などを利用することも良いでしょう。ネット銀行については，**Ⅳ-6**で詳しく述べることとします。

　また，資金移動する手間が面倒というのであれば，給与振込み口座を2つにわけることができるか，勤めている会社に確認してください。勤め先が2つの給与の振込み口座の設定が可能なら，これを利用して，使う口座と貯める口座を自動的に分けることができます。たとえば20万円の給与の支払い額を，A口座に15万円，B口座に5万円給与が振込まれるようにするのです。A口座は毎

月の生活費で使い，B口座は貯蓄口座とするのです。

いずれにしても，別口座を設けることにより今の貯金がどのくらいかはっきりし見えるようになり，貯蓄意識は確実に高まります。

図表PARTⅣ－1－2 「生活資金口座」と「貯蓄口座」

Ⅳ-1-5 自動貯蓄の仕組みについて

使う口座以外に貯める口座を設けることで，貯蓄環境は整備できますが，これを自動で行う仕組みがあります。

まず，会社が準備する**財形貯蓄**を利用すれば自動的に貯蓄を増やすことができます。但し，財形貯蓄はこの制度を導入している会社の社員しか利用できません。この場合には，自分で自動貯蓄の仕組みを作れば良いのです。

誰でもできる方法として，**定期積立預金**や**積立投資信託**を活用することも良いでしょう。これらは，セルフ財形貯蓄と言うことができるでしょうか。これらを活用することによって，資金移動の手間がかからずに，自動的に毎月一定額が定期預金に積立てることができます。但し，自動貯蓄の仕組みの構築は絶対条件ではありません。毎月自ら資金移動させることが苦にならず，逆に貯蓄の楽しみを味わえるのなら，別口座を設け自ら資金移動させることで十分です。以上は，いずれも簡単にできることです。貯蓄ができないと悩んでいる人，まずこれらを実践してください。

繰り返しますが，ATM手数料は無駄だと強く感じるようになれば，貯蓄できる環境は整備できたも同然です。

PART IV−2　無理をせず貯蓄をする

IV−2−1　貯蓄をするための心得

　貯蓄環境が整備されたら，次に実践です。**貯蓄環境の整備**とは，毎月少しずつでもお金を貯める仕組みを作ることです。では，この「少しずつでも」をいくらにするかが問題です。ここで重要な点は，無理をしてはいけないということです。上手にお金を貯めている人は，自分の給料の範囲で楽しめる趣味を持ち，日々充実した生活をしています。無理に禁欲生活をして貯蓄しても決して長続きはしません。貯蓄をするためには，まずは無理のない範囲でお金を貯めることに心がけることが肝要です。

図表PARTIV−2−1　「貯蓄口座」と資金の流れ

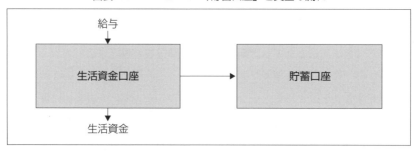

IV−2−2　消費と貯蓄の関係

　消費と貯蓄は，相反する言葉のように感じます。毎月の給与の内，食費，住居費，水道光熱費，通信費，趣味・娯楽費などへの消費を除いた残りが貯蓄になると考えるからです。しかし考えてみてください。貯蓄はなぜするのでしょ

うか。将来の結婚資金かもしれませんし，住宅購入資金かもしれません。いずれにしても，それは将来の消費に備えるためです。つまり，消費と貯蓄は相反するものではなく，現在の消費か将来の消費かの違いだけなのです。言い換えると，**貯蓄とは，将来の「準備」**なのです。上手にお金を貯めている人は，ただ貯めるのではなく，無意識に現在と将来の消費のバランスを考えながら貯蓄をしているのです。禁欲生活をして貯蓄をしても，結局お金の使い方がわからず，将来無駄な消費をする可能性が高いのです。

Ⅳ-2-3 | 消費と貯蓄の割合

　では，日々の生活を楽しみながら貯蓄をする場合に，消費と貯蓄の割合はどの程度が妥当でしょうか。これは，20歳代か40歳代か，1人暮らしか親と同居か，独身か既婚か，子どもがいるかいないかで変わります。

　ここでは，独身1人暮らしで，毎月の可処分所得が約38万円（年間456万円）とした場合，あくまで目安ですが，約7.5万円（約20％）を貯蓄に回すのが妥当でしょうか。ざっと，毎月の家賃が10万円，食費が4万円，水道光熱費が1.5万円，趣味・娯楽費が2.5万円，旅費交通費が1万円，交際費8千円，各種保険料が4.5万円，その他（日用雑貨，通信費，新聞図書費など）4.2万円とすると，残りは9.5万円になります。さらに突発的な費用に備えるため2万円を差し引くと，残りは7.5万円（年間90万円）になります。これを貯蓄すると考えるのです。この90万円は，**図表PARTⅠ-9-2**のⅣ　資産運用資金支出の90万円と一致します。繰り返しになりますが，無駄な消費をしてはいけませんが，特段切り詰めた生活をする必要もありません。

　以上を実践すれば，楽しみながらしかも見える形で貯蓄ができる条件が揃います。しかし，この貯蓄しているお金はそのままで良いでしょうか。少しでも利益獲得という意味で，良い条件で貯めておきたいところです。そこで，次にためたお金をどの金融商品に投資するかを検討します。つまり，貯めたお金の運用です。

ライフステージと
ライフプラン

Ⅳ-3-1 | ライフステージとライフプランの内容

　まず，お金の運用の話の前に，ライフステージとライフプランについて考え
てみましょう。

　ライフプランとは，簡単に言うと，人生における大きなイベントを大まかに
想定して人生設計を立てることです。この人生設計には，消費計画や資金運用
計画も含まれます。貯蓄とはつまり将来の消費だと説明しました。つまり，ラ
イフプランとは，人生における各段階の消費を大まかに想定し，その消費のた
めに，どのようにお金を貯めていくかを計画することなのです。

　今回は，学校を卒業して給与を受けた時点から老年期までのそれぞれの段階，
つまりライフステージにおける資産収支計画の話となります。

Ⅳ-3-2 | ライフステージの３つの段階

　図表PARTⅣ-3-1では，ライフステージを大きく３つに分類しました。

　まず，**第１段階**は，仕事を始めてから約35歳までです。この時期は，まだ仕
事を始めてから年月が経っていないので，収入も少なく，貯蓄額は多くは見込
めません。また，社会人になり趣味や交際範囲も徐々に広がっていくので，一
定の支出も想定されます。よって，この時期に資産を増やしていくことは容易
ではありません。この時期は，貯蓄の土台作りの時期です。

　次に，**第２段階**として約35歳から約50歳までとします。この時期は，会社で
の職階も上がり給与も増えていくことが想定されます。ただ，この時期に結婚
をすれば，家族も増えまた子供ができれば支出も増えます。一方，おひとりさ

まの場合には，正にこの時期が本格的な資産形成の時期となります。

最後に，**第3段階**として約50歳から老後までとします。この時期は，仕事も安定していますが，給料は頭打ちになることが想定されます。この時期は，今まで築いてきた資産を如何に効率的に運用していくかが重要になります。

図表PARTⅣ－3－1　ライフステージのイメージ

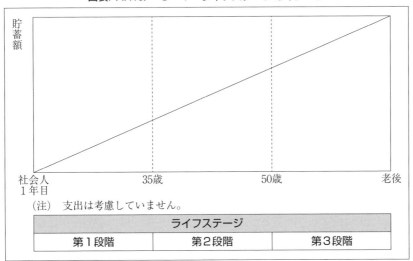

（注）　支出は考慮していません。

ライフステージ		
第1段階	第2段階	第3段階

Ⅳ-3-3 ライフプランの設計

では，早速ライフプランを設計してみましょう。以下は，あくまで1つのプランです。実際には，皆様お1人お1人がプランを立ててください。まず，**ライフステージの第1段階**でのライフプランです。この段階では収入も多くなく，大きな支出はできません。しかし，すでに述べたように無理な禁欲生活を行う必要もありません。第1段階終了時の35歳時点の目標貯蓄額を設定しましょう。目標貯蓄額は人それぞれで結構です。本書では，第2段階の初期（36歳）で住宅を購入すると仮定し，その頭金や諸経費のための資金として600万円を必要とするとします。つまり，第1段階終了時点で，住宅を購入する資金である

600万円以上に貯蓄をすることが目標となります。600万円から，どの程度の上積みを見込むかは自由です。

たとえば，35歳での貯蓄目標を700万円以上とした場合，22歳から35歳までの13年間に年平均約54万円（700万円÷13年）月平均約4.5万円（54万円÷12ヶ月）の貯蓄が必要です。前にも述べた無理をしない貯蓄率（給与に対する貯蓄割合）を20％とした場合，13年間の給与の平均手取り額は22.5万円（4.5万円÷20％）です。つまり，学校を卒業してから35歳までの給与の平均手取り額が，22.5万円であれば，35歳までに無理なく700万円の貯蓄は可能となるのです。もちろん，この額には貯蓄資金の運用益は含まれていません。よって，700万円以上の貯蓄が期待できます。できそうな気になってきたのではないでしょうか。

同じような計算で，貯蓄額800万円以上を目標とするなら，貯蓄給与の平均手取り額は25.5万円，貯蓄額900万円なら29万円となります。

22歳～35歳の月平均給与（可処分所得） A（カッコ内は年間可処分所得）	月平均貯蓄額 B（A×20％）	35歳時点の目標貯蓄額 C（B×12ヶ月×13年）
22.5万円（270万円）	約4.5万円	700万円以上
25.5万円（306万円）	約5.1万円	800万円以上
29万円（348万円）	約5.8万円	900万円以上

図表PARTⅣ－3－2　35歳時点（2020年12月31日）の「生活資金口座」「貯蓄口座」の状況例（不動産購入直前）

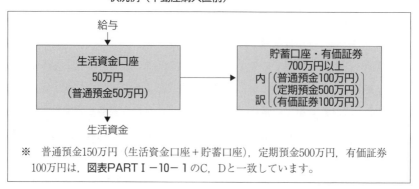

※　普通預金150万円（生活資金口座＋貯蓄口座），定期預金500万円，有価証券100万円は，**図表PARTⅠ－10－1**のC，Dと一致しています。

図表PARTⅣ－3－3　35歳時点（2021年1月1日）の「生活資金口座」「貯蓄口座」の状況例（不動産購入直後）

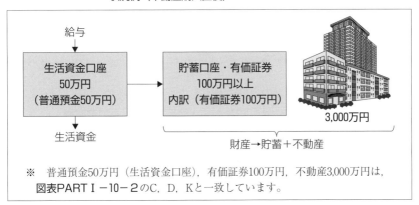

※　普通預金50万円（生活資金口座），有価証券100万円，不動産3,000万円は，図表PARTⅠ－10－2のC，D，Kと一致しています。

　次に，**ライフステージの第2段階**でのライフプランです。この段階の一番のイベントは，住宅の購入でしょうか。住宅購入の初期投資として，貯蓄から600万円を支出することになります。この結果，貯蓄口座の残高は一気に減少します。但し，安心してください。あなたの財産は，貯蓄口座の資金に住宅も加わるのです。あなたの財産は確実に増え，しかも多様化しています。もちろん，住宅は財産ではあるけれども，緊急時に資金として使える財産ではありません。緊急資金として使える財産は貯蓄口座やその他投資先の残高のみですので，以後も財産を増やす努力は必要です。

　さて，第2段階でも同様に目標を設定しましょう。50歳での貯蓄目標を2,000万円（内，200万円は第1段階で貯蓄済）とした場合，36歳から50歳までの15年間に，1,800万円の貯蓄を増やす必要があります。この内，運用益を300万円とすると，純粋に貯蓄に要する資金は1,500万円になります。つまり，年平均約100万円（1,500万円÷15年），月平均約8.3万円（100万円÷12ヶ月）の貯蓄が必要です。前にも述べた無理をしない貯蓄率（給与に対する貯蓄割合）を20％とした場合，15年間の給与の平均手取り額は約41.5万円（8.3万円÷20％）です。同様に，15年間の給与の平均手取り額は約55万円であれば，2,500万円を目標とすることができます。

36歳〜50歳の月平均給与(手取り額) A(カッコ内は年間手取り額)	月平均貯蓄額 B(A×20%)	50歳時点の目標貯蓄額 C(B×12ヵ月×15年＋α)
41.5万円(500万円)	約8.3万円	2,000万円以上
55万円(660万円)	約11万円	2,500万円以上

※　＋αは，第1段階で貯蓄済の金額と運用益。

　最後に，**ライフステージの第3段階**です。この段階は，今まで貯めてきた貯蓄を，バランスよく運用することが大事です。一方で，今まで頑張ってきた成果を，自分自身に還元することも大事です。つまり，お金を使うのです。たとえば，時間に余裕ができれば旅行資金に使うとか，もう一度学校に通う，語学を勉強するなど自分に投資するとか，さらにどちらかに寄附することも良いでしょう。バランスよく運用し，そして，消費するのです。以下，金融商品の解説としてお金の貯め方をお話ししますが，実は大事なので，お金をどのようにうまく使うかを知ることなのです。

　Ⅳ－4以降は金融商品の話になりますが，それぞれの金融商品が，ライフステージのどの段階で最も有効なものとなるかについても触れることになります。

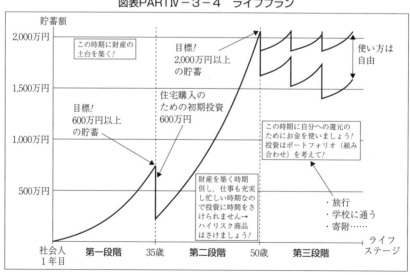

図表PARTⅣ－3－4　ライフプラン

金融商品とリスク

IV-4-1 | リスクの理解

　金融商品には必ずリスクがあります。**金融商品のリスク**とは，投資した金融商品が将来生む収益（プラスの収益もマイナスの収益もある）の幅として表されます。通常であれば，リスクが高いとリターンも高く，リスクが低いとリターンも低くなります。金融商品を選択する際には，リスクについてよく理解しておくことが重要となります。

　金融商品のリスクを把握することで，ライフステージのどの段階で，どのようなリスクのある金融商品で運用するべきかの判断が可能となるのです。そこで，まずはリスクの種類を理解してみましょう。

IV-4-2 | リスクの種類

　金融商品の主なリスクは以下のとおりです。

1　価格変動リスク

　企業の業績や社会の情勢によって価格が変動する金融商品です。たとえば株は，内的・外的要因に影響され，いわゆる**キャピタルゲイン，キャピタルロス**が生じます。

　資金を運用する場合，やはりこの価格変動リスクが最も大きなリスクとなり

【用語解説】　キャピタルゲイン，キャピタルロス
　有価証券などが価格変動によって生じた売買損益をいいます。取得価格よりも高く売却したときに得られる利益をキャピタルゲイン，反対に取得価格よりも安く売却したときに生じる損失をキャピタルロスといいます。対比する言葉として，資産を保有していることによって得られる収益（利息や配当等）をインカムゲインといいます。

ます。新型コロナウィルスでは世界経済に悪影響を与え，ほとんどの金融商品
は価格を下げています。新型コロナウィルスは自分の力ではどうすることもで
きない出来事です。金融商品には，このようなリスクがあることを十分に理解
しなければなりません。

2 信用リスク

各種金融商品を提供している金融機関や社債の発行や借入をしている企業が
倒産するなどにより**債務不履行（デフォルト）**を起こし，元本や収益が回収で
きないリスクです。いわゆる信用格付け会社が，企業の信用リスクに応じた
「**信用格付け**」を付与しており，金融商品に投資するにあたっても会社の格付
けを参考にできます。

この信用リスクは，会社の経営戦略によって変わり，また，価格リスクと同
様に新型コロナウィルスによって事業環境が一変することにより信用リスクが
高まることもあります。

3 カントリーリスク

投資した国の情勢が不安定で，投資を回収できなかったり，価格が変動した
りするリスクです。つまり，国そのものの信用リスクと言うことができます。
通常，政情不安な国の金融商品への投資は，ハイリスク，ハイリターンとなり
ます。

4 為替リスク

外貨建ての金融商品を売却して円に換える場合，為替相場の変動によって，
金融商品の価値が変動するリスクです。たとえば，1ドル＝100円で100万円
（1万ドル）投資したとします。その後，1ドル＝120円つまり円安になった
場合，円での価値は120万円なので20万円の利益，逆に1ドル＝80円つまり円
安になった場合，円での価値は80万円で20万円の損失が生じることになります。

なお，海外の金融商品であっても，為替ヘッジを行うことにより為替リスク
を回避した商品もあります。

5 流動性リスク

必要なときに換金できないリスクです。但し，このリスクはライフステージ

ごとに十分ライフプランを構築することによって克服できます。たとえば10年後に大きな消費を予定している場合，10年間換金ができない定期預金を設定しても資金繰りにおいて問題とはなりません。

　いずれにしても，固定性の高い定期預金などはこの流動性リスクがあると言えます。

6　物価変動リスク

　物価上昇によりお金の価値そのものが下落するリスクです。長期の商品は，比較的利回りが良いが，一方でインフレリスクを負うことになります。

　たとえば，10年間での利回りが120％の商品に100万円を投資するとします。この場合，10年後には金融商品は120万円になっていますが，もし10年間の物価上昇率が130％になっていた場合，投資時点では100万円で購入できたものが10年後には130万円となっていることになり，120万円では購入できないことになります。つまり，利回りが120％であっても実質的に損をしていることになるのです。

Ⅳ-4-3 リスクとリターンの関係

　今まで説明したリスクはリターンと表裏の関係にあります。ここで，**リターン**とは投資を行うことで得られる収益のことです。表裏の関係にあるとは，リターンが高い商品ほど期待できるリスクが高く，リターンが低い商品ほど期待できるリスクも低いのです。皆様はこの点を十分に理解する必要はあります。

ローリスク　⬌　ローリターン
ハイリスク　⬌　ハイリターン

PART IV-5 ライフステージと金融商品

IV-5-1 ライフステージの第1段階での金融商品

　ライフステージの**第1段階**では，貯蓄は容易ではありません。ただ，この段階こそ着実に資産形成していくことが重要です。この段階での貯蓄は，財産の「**根雪**」つまり基礎です。使う口座以外に貯める口座を設けて貯蓄環境を整備し，貯める口座の貯蓄を少しずつでも増やしましょう。

　この段階では，できれば貴重な貯蓄を元本割れの可能性がある金融商品では運用したくはありません。一方で，ためる口座の財産を少しでも金利の良い金融商品で運用したいという心情も理解できます。まずは，着実に元本を増やしていくという考えが良いのではないでしょうか。

　この段階で推奨したい金融商品は，普通預金（大手銀行，ネット銀行），定期預金・自動積立定期預金（大手銀行，ネット銀行），MRF（マネーリザーブファンド）・MMF（マネーマネジメントファンド），個人向け国債，個人向け社債，さらに場合によって積立投信などです。

　なお，普通預金や定期預金も，わずかですが金利も得られるので立派な金融商品です。

IV-5-2 ライフステージの第2段階での金融商品

　ライフステージの**第2段階**では，仕事も充実し月額給与も増えていきます。この段階では本格的な資産形成を開始したい時期です。但し，仕事が充実しているということは，あまり資産運用に時間を割くことはできないということも意味しています。よって，この時期は日々の管理に時間をかけずにある程度利

回りの良い金融商品を選ぶことが重要となります。

　この段階で推奨したい金融商品は，第１段階に推奨した金融商品に加え，投資信託・積立投資信託，外貨預金，外貨MMFなどです。

IV-5-3 ライフステージの第３段階での金融商品

　ライフステージの**第３段階**では，貯蓄額もかなり大きくなっていることが想定されます。また，時間的な余裕もでき，資産運用にも気配りができると想定できます。この段階で推奨したい金融商品は，第１段階及び第２段階で推奨した金融商品に加え，株式やハイリスク型の投資信託などです。但し，重要なことは，この時期においても，ハイリスク・ハイリターンの商品に特化して運用するのではなく，リスクが低い商品，中程度の商品，高い商品をバランス良く運営することが重要です。つまり，適切な**ポートフォリオ**を組んで運用してい

図表PARTIV-5-1　段階ごとの金融商品

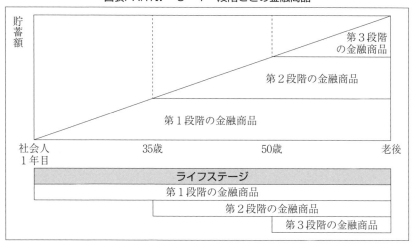

【用語解説】　ポートフォリオ
　分散投資の組み合わせといいます。安全性，収益性を考慮し，適切に分散されたポートフォリオつまり分散投資での投資が重要となります。

くことが重要となります。

　以下，第1段階の商品として，普通預金，定期預金・自動積立定期預金，第2段階の商品として投資信託等，第3段階の商品として高リスク商品（海外投資，株式）を紹介します。

図表PARTⅣ－5－2　ライフステージと金融商品

ライフステージ	金 融 商 品
第1段階	・　普通預金（大手銀行，ネット銀行） ・　定期預金・自動積立定期預金（大手銀行，ネット銀行） ・　MRF（マネーリザーブファンド） ・　MMF（マネーマネジメントファンド） ・　個人向け国債，個人向け社債 ・　積立投資信託 (注2)
第2段階	・　第1段階の金融商品（国内金融商品） ・　第1段階の金融商品（外国金融商品 (注1)） ・　投資信託・積立投資信託 ・　株式 (注3)
第3段階	・　第1，第2段階の金融商品（国内金融商品） ・　第1，第2段階の金融商品（外国金融商品 (注1)） ・　株式 ・　ハイリスク型の投資信託 ・　FX

（注1）　外国金融商品は，1段階下がる。たとえば，普通預金は第1段階であるが，外国預金は，第2段階となる。また，投資信託は第2段階であるが，外貨投資信託は第3段階となる。
（注2）　積立投資信託は第2段階の金融商品に分類していますが，少額投資であれば第1段階でも可能。
（注3）　株式投資は，第3段階の金融商品に分類していますが，少額投資であれば第2段階でも可能。

　第1段階から第3段階までの投資のイメージを前述しましたが，それぞれの段階への移行に当たって全ての商品を切り替える必要はありません。資金的な余裕が少しずつ生まれたら，新たに第2段階で推奨する商品に投資を始める，さらに第3段階で推奨する商品を始めるという考え方で良いのです。

PART IV-6　普通預金とネットバンキング

IV-6-1　普 通 預 金

　ライフステージの第1段階で基礎となる金融商品は普通預金です。**普通預金**は，低金利時代の現在においては金利収入は期待できませんが，お金を貯めていく上で基礎となるものです。財産を構築する上でも十分活用できます。そればかりか，工夫をすることによって活用度を高めることができます。ここでは，普通預金の活用術について，インターネットバンキングとネット銀行について説明します。

IV-6-2　インターネットバンキングについて

　インターネットバンキングとは，インターネットを通じて，振込みや預金残高照会などのサービスを行うことができるシステムです。具体的には，預金残高照会や口座振り込み，口座振り替えなどのサービスをオンラインで利用することができます。

　インターネットバンキングを活用することにより，銀行の店頭に行かなくても，各種サービスを済ませることができます。

　前述したとおり，いつでもどこでも口座残高が確認できるので，貯蓄の意識は間違いなく高まります。大手銀行でのサービスにはあまり差はないようですが，皆様はネットバンキングの画面上での使用方法が自分に合っているか，またスマートフォンでの利用に支障がないかなどが選ぶ際のポイントとなるでしょう。

Ⅳ-6-3 ネット銀行とは

　Ⅳ-6-2でインターネットバンキングの活用について述べましたが，インターネットバンキングを専業で行っている銀行があります。**ネット銀行**です。ネット銀行といっても様々な種類のものがありますが，共通点としては，店舗を持たず，インターネット上での取引を中心に営業している銀行です。店舗を持つことによる経費がかからないので，振込みやATMの手数料などを無料もしくは安価で提供することができます。また，大手銀行よりも高い金利での預金をご提供している場合もあります。

　ネット銀行は，大手銀行と比べ，普通預金，定期預金ともに金利は高く設定されています。一方で，大手銀行は資金力も高く信頼度は高いのですが，ネット銀行の信頼度はどうでしょうか。結論としては，ネット銀行の信用度は様々です。但し，いわゆる資金力のある大企業が100％出資してネット銀行を創設している場合も多いので，十分に検討すれば活用度は高いと言えます。

Ⅳ-6-4 ネット銀行でできること

　ネット銀行においても，利用できる内容は一般の銀行とさほど違いはありません。

1　預金の預入，引出し

　ネット銀行は通常店舗も自前のATMも持っていませんので，他の銀行やコンビニのATMを使用して預入，引出しを行うことになります。この場合，手数料がかかる場合もありますが，多くが一定の条件で無料あるいは月一定回数まで無料という設定がされています。また，通帳を発行しませんので，取引明細はWeb上で確認します。

2　振　込　み

　振込手続きはPCまたはスマホで行うことができます。振込手数料は通常の

銀行よりも安く，一定の条件のもとで無料になったり月数回まで無料になったりという設定がされています。

3　カードローン

一般の銀行と同じように，通常の銀行と同様にATMで借入れ・返済ができます。

Ⅳ-6-5　ネット銀行を選ぶ際のポイント

ネット銀行は，通常の銀行よりも比較的高い金利が付き，また各種手数料が無料又は月数回まで無料といったメリットがあります。一方で，入金や出金の際には提携ATMへ出向く必要があります。したがって，選ぶ際には自宅の近所か会社の近くにコンビニATMで使えるネット銀行を利用すると便利となります。たとえば，株式会社セブン・イレブン・ジャパンが出資しているセブン銀行や株式会社ローソンが出資しているローソン銀行は，全国のコンビニエンスストアのATMを利用できるというメリットがあります。また，大和証券が出資している大和ネクスト銀行など，証券会社が出資しているネット銀行では，証券会社の商品を購入すると銀行の金利が優遇されるサービスを行っている場合があります。その他，ソニー銀行，オリックス銀行，楽天銀行など様々なネット銀行があります。

インターネットで検索すると，数多くのネット銀行の比較サイトがありますので，一度確認すると良いでしょう。

Ⅳ-6-6　普通預金の効用

普通預金の最も大きな特徴は「流動性」です。「**流動性**」とは，一言で言うと，損をすることなく現金へ換金できる程度のことです。この「流動性」が最も高い金融商品が普通預金です。皆様は，緊急に必要な資金について，生活資金と同様に，まず生活資金口座から支出します。ただ，生活資金口座からの支

出には限界がある場合，貯蓄口座から支出せざるを得ません。その場合に備えて，貯蓄口座も一定割合は，普通預金としておくことが必要になるのです。

図表PARTⅣ－6－1　普通預金口座

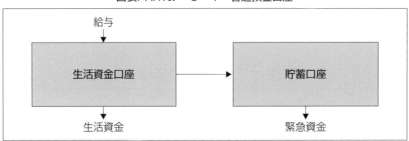

インターネットバンキングは，銀行の店頭に行かなくても，各種サービスを済ませることができる大変便利なシステムです。また，非常時に銀行に出向けない際に役に立つ場合があります。たとえば，急遽入院する事態となってしまった場合で，支払期限が迫っているなどの事態に遭遇してもインターネットバンキングを利用することによって対処できるのです。皆様にとって，インターネットバンキングを利用することによる得はあっても損はないと考えられるでしょう。

PART IV-7 定期預金と自動積立定期預金

IV-7-1 定期預金

　ライフステージの第1段階で推奨したい金融商品には，普通預金の他にもあります。定期預金です。

　定期預金は，1ヶ月から10年までの間で預金期間を事前に選び，原則として満期まで引き出す事が出来ない預金です。このことは，定期預金のリスクに，流動性リスクと物価変動リスクがあることを意味します。しかしながら，皆様は，ライフステージのどの段階でどの程度の資金が必要かについてのライフプランをしっかり作っていれば，流動性リスクは十分に克服できるリスクとなります。また，物価変動リスクについては，現在の日本においてはあまり気にする必要はないでしょう。

　定期預金は，普通預金のように自由に出し入れが出来ないという縛りがある反面，金利が普通預金と比べて若干高めに設定されています。また，定期預金の預け入れの期間によっても利率は変わってきます。一般に満期までの期間が長い定期預金の方が，利率は高くなります。但し，現在の超低金利時代においては，たとえば大手のメガバンクでは，定期預金に預けても期間，金額に関係なく一律0.01％程度なので，1年間100万円を預けても100円にしかなりません。しかし，もう一度考えてください。ライフステージの第1段階ではまず貯蓄を増やしていくことが重要なのです。定期預金でも貯蓄の基礎を築くという意味においては，目的を果たすことはできます。

　なお，通常，定期預金の内，預金金額が300万円未満のものを**スーパー定期**，1,000万円を超えると一般に**大口定期**と言います。

　定期預金は，普通預金と比べて，いわゆる「流動性」は下がります。それを

補う商品として，自動積立定期預金があります。

Ⅳ-7-2 ┃ 自動積立定期預金

自動積立定期預金とは，定期預金の１つの形態で，毎月決まった積立日に毎月決まった積立金額を普通預金口座から自動積立する預金商品です。積立期間は自由に決めることができるので，ボーナス月などは積立額を増額することも出来ます。コツコツ無理なく貯蓄できるという大きなメリットがあります。

すでに述べたように，自ら貯める貯蓄環境を整備し貯蓄を増やさなくても，自動的に貯蓄が増えていき，またリスクも少ないので，自動積立定期預金もライフステージの第１段階で推奨したい商品となります。

Ⅳ-7-3 ┃ 定期預金と自動積立定期預金の違い

定期預金と**自動積立定期預金**は，どちらもリスクが少ない商品なので，ライフステージの第１段階でおすすめする商品です。では，違いは何でしょうか。まず，定期預金と自動積立定期預金はお金の預け方に違いがあります。また，解約手続きの違いも生じます。定期預金は原則として途中解約ができないのに対し，自動積立定期預金の場合は，解約や一部積立金の引出しもできます。なお，自動積立定期預金の預入のタイプに，期日指定定期預金がありますが，こちらの場合も，１年間の据え置き期間経過後なら任意の日を解約日に決められます。定期預金と自動積立定期預金のそれぞれの特徴を理解すれば，皆様は，どちらの方法で貯めることが適しているか考えることができます。

将来のライフプランが明確になっていれば定期預金，まだライフプランが明確にはなっていない場合には自動積立定期預金を利用するのも良いでしょう。また，両方の商品をどちらも並行して運用することも良いでしょう。

図表PARTⅣ－7－1　定期預金と自動積立金の預け方の違い

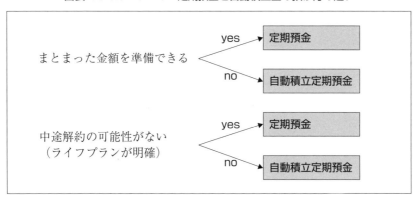

PART IV-8 投資信託，積立投信，MRF，MMF

IV-8-1 投資信託

　次に，ライフステージの第2段階で推奨する商品です。

　投資信託とは，投資家からお金を集め，専門家が株式や債券などに投資・運用し，その運用成果を投資家のそれぞれの投資額に応じて分配する商品です。

　専門家が投資・運用する点で全ての投資信託は共通していますが，その運用方針は商品によって様々です。よって，リスクの度合いは，投資信託ごとに異なります。結果，投資信託の運用成績は商品によって様々であり，運用がうまくいって利益が得られることもあれば，運用がうまくいかず投資した額を下回って損をすることもあります。投資信託の運用によって生じた損益は，それぞれの投資額に応じて投資家に帰属されます。つまり，投資信託は元本が保証されている金融商品ではないのです。また，運用会社に対して運用手数料を支払わなければならないという特徴もあります。

　ライフステージの第1段階ではなく第2段階に分類した理由は，元本が保証されている金融商品ではない点とリスクの度合いは商品によって様々である点，さらに運用会社に手数料を払う点によるものです。

　しかしながら，専門家が分散投資でリスクを分散しており，株式への直接投資などと比べると投資しやすい金融商品と言うことができます。何よりも，中長期で保有することが通常なので，仕事の充実期で，金融商品の運用にあまり日々時間をかけることができないライフプランの第2段階には適した商品と言うことができます。

投資信託のメリット

①	運用会社が運用→専門知識不要。	
②	基準価格の公表→透明性が高い。	
③	少額から購入可能→分散投資可能。	
④	様々なタイプの商品がある。	

投資信託のデメリット

①	運用会社への手数料発生。
②	元本が保証されていない。

Ⅳ-8-2 積 立 投 信

　積立投資は，投資信託を，一定金額積み立てしながら購入する商品です。投資信託を個別に購入する場合，決められた口数に応じた金額を用意する必要がありますが，積立投信では少額から毎月投資を始めることができます。自分の貯蓄状況に合わせて投資を開始できる商品です。自動積立定期預金の投資信託版と考えることができます。

　投資信託は，元本が保証された商品ではありません。但し，少額からでも購入でき，しかも利回りは結果的に定期預金よりも高くなることが期待できます。したがって，ライフステージの第2段階の商品として紹介しましたが，ライフステージの第1段階においても，分散投資の1つとして少額ずつ積立投信を行うことも選択の1つでしょう。

Ⅳ-8-3 M R F

　MRF（マネーリザーブドファンド）は，公社債投信の1つで超短期の債券で運用されている投資信託です。MRFは，元本保証されている訳ではありま

せんが，原則として元本割れしないように極めて安全に運用されており，証券会社において，普通預金と同じような扱い方をされる商品です。

　通常，証券会社で口座を開設する際に，MRFの取引口座も自動的に開設されます。つまり，証券会社に入金すると自動的にMRFを買い付けることになるのです。買い付けされたMRFはすぐに現金化することができるようになっており，株式や投資信託などを購入した場合はこのMRFの口座から自動的に引き落とされます。また，株式を売却した場合などは，その後自動的にMRFの買い付けが行われ，MRF口座に入金されます。なお，普通預金との違いは以下のとおりです。

図表PARTⅣ-8-1　普通預金とMRFの違い

項　　目	普 通 預 金	M　R　F
元 本 保 証	元本保証	元本保証なし （但し，極めて高い安全性）
利回り（金利）	極めて低い	極めて低い （但し，普通預金より高い）
換　　金	即日可	即日可
信用リスク	信用リスクあり （預金保険制度（ペイオフ）により1,000万円まで保証）	信用リスクなし （全額保護，つまり公社債投信なので，預けている証券会社が破綻した場合でも分別管理される）

　MRFは，ライフステージの第1段階に適した商品です。これは，図表でもわかるように，商品の性質が普通預金と類似しているからです。ただ，そもそも証券会社に口座を開設しなければ，積立投信は開始できません。よって，第1段階に少額からでも積立投信等を始める際には，MRF口座を利用することは良いでしょう。

Ⅳ-8-4 ｜ M　M　F

　MMF（マネーマネジメントファンド）はMRFと同じ公社債投資信託の一

種です。MMFは短期の債券（社債など）で運用されますが，MRFよりも少し期間の長い債券に対して投資をするファンドです。そのため，MRFよりも若干リスクが高く，その分，分配金の額は大きくなります。MRFよりも若干リスクは高まりますが，MRFと同様，リスクは低い投資信託ということに変わりはありません。また，購入から30日を超えれば，いつでも無条件で引き出すことができます。MMFもMRFと同様，ライフステージの第1段階に適した商品です。これは，MMFも安全性の高い商品だからです。以下において，定期預金と比較します。

図表PART Ⅳ-8-2　定期預金とMMFの違い

項　　　目	定　期　預　金	Ｍ　Ｍ　Ｆ
元 本 保 証	元本保証	元本保証なし （但し，極めて高い安全性）
利回り（金利）	極めて低い （普通預金よりも高い）	極めて低い （但し，定期預金より高い）
換　　　金	不可 （途中解約の場合，違約金利が適用される）	30日を超えて可能 （30日以内の換金はペナルティあり）
信用リスク	預金保険制度（ペイオフ）により1,000万円とその利息まで保証	全額保護 （公社債投信なので，預けている証券会社が破綻した場合でも分別管理される）

PART Ⅳ-9　高リスク商品（海外投資，株式）

Ⅳ-9-1　外貨建ての金融商品

　今まで紹介した商品は，いずれも国内商品です。実は，これらの商品は，日本だけでなく世界各国で取り扱われています。そして，これらの商品を取引するときに使われる通貨は日本の円だけではありません。これらの商品を総称して**外貨建ての金融商品**と言うことができます。

　たとえば，日本の預金に対して外貨預金，日本の株式に対して外国株式，日本の債券に対して外国債券，日本の投資信託に対して外国投資信託などです。さらに，外国通貨そのものを売買する取引である**外国為替証拠金取引（FX）**も外貨建て商品の一つです。これらの金融商品の仕組みは，基本的に国内金融商品と同じです。しかし，国内の金融商品と外貨建ての金融商品との決定的な違いがあります。それは，取引価格が外貨ということです。たとえば，米ドル，豪ドル，ユーロなどの価格となる金融商品です。そして，このことによって，外貨建ての金融商品では，様々なリスクが生じます。もちろん，外貨建ての金融商品には魅力はあります。つまりハイリスク，ハイリターンなのです。以上より，外貨建ての金融商品は，ライフステージの第3段階の商品に分類できるでしょう。

Ⅳ-9-2　外貨建て金融商品のリスク

　外貨建て金融商品で，まず考慮しなければならないリスクは為替リスクです。このリスクは，外貨建ての金融商品を売却して円に換える場合，為替相場の変動によって，金融商品の価値が変動するリスクです。為替相場によっては，商

品が目減りすることになります。次に，外貨建て商品には，**カントリーリスク**があります。これは，投資した国の情勢が不安定で，投資を回収できなかったり，価格が変動したりするリスクです。投資対象の国そのものの信用リスクと言うことができます。また，これらのリスクは，相互に影響し合い，あるリスクが次のリスクと結びつくこともあります。当然のことながら，政情不安な国の金融商品への投資は，ハイリスクとなります。なお，海外の金融商品であっても，為替ヘッジを行うことにより為替リスクを回避することはできます。

Ⅳ-9-3 ┃ 外貨建て金融商品の購入

　外貨建ての金融商品を購入する方法は，国内の銀行や証券会社などを通じて購入する方法と，直接海外の銀行や証券会社などを通じて購入する方法があります。海外の銀行や証券会社を通じて購入する方法は，海外の金融商品を幅広く購入できるというメリットがあります。一方，手軽に海外投資を始められるという点では，国内の銀行や証券会社などを通じて購入する方法から始めるのが良いでしょう。この場合，国内の銀行や証券会社から，商品に対するメリット，デメリットなどの情報を十分に聞いてから購入することもできます。なお，通常海外での投資で得た利益であっても，国内の銀行や証券会社などを通じて購入した場合には，国内で確定申告が必要になることは留意が必要です。

　外貨建ての金融商品には，利回りが高い，商品が豊富にある，海外の銀行や証券会社などを通じて購入する場合税率が低い場合がある，通貨の分散ができる，税率が低い場合利子の再投資により複利効果がうまれるなどのメリットが多くあります。つまり，外貨建ての金融商品は国内商品と比べてハイリスク，ハイリターンであるので，皆様が外貨建て金融商品を購入する場合には，商品の情報を十分に得た上で上手に投資することが求められます。

Ⅳ-9-4 | 株式投資について

　株式投資とは，企業が発行する株を売買することです。株式投資を行うに当たって最も困難な点は，皆様自身で業績が良くなる会社の株を見極めなければならないということです。そのためには，しっかり情報収集を行わなければなりません。しかも，株価の上下は業績だけでは決まりません。株価の上下する仕組みは，簡単に言うと，株を買いたい人が売りたい人より多い場合に値上がりし，株価は株を売りたい人が買いたい人より多い場合に値下がりするというものです。つまり心理的要素があるのです。また，会社だけの業績だけではなく，社会全体の情勢にも影響します。コロナウィルスによって社会全体が停滞している状況において，世界中が閉塞感が充満している状況では，たとえ業績が良い会社でも株価の上昇は難しいのです。

　次に，株式投資を始めるには，まず証券会社の口座開設が必要です。証券会社と言っても大きな証券会社の他，多くのネット証券会社があります。皆様は，十分情報を入手して，自分に合った証券会社を選ぶ必要があるでしょう。

Ⅳ-9-5 | 株式投資の果実

　株価は毎日変動します。買った時よりも高い株価の時に株を売れば，その差分が利益になります。株式投資の最大の魅力は買った時よりも高い株価の時に株を売って利益を得ることです。これを，**キャピタルゲイン（キャピタルロス）**と言います。そのために，皆様は業績の良い優良な株を見つけて投資することが必要になります。

　ここで，デイトレードという言葉を聞いたことがあるでしょうか。**デイトレード**とは，1日に1回もしくは複数回の取引を行い，細かく利益を積み重ねる売買手法である。デイトレードは，株式・債券取引だけではなく，外国為替証拠金取引（FX），商品先物取引でも行われていますもので，多くの情報を踏

まえ投資を行い，利益を獲得していく手法です。

　デイトレードを行う人を**デイトレーダー**と言いますが，皆様はデイトレーダーになる必要はありません。株式投資によって，中長期的に利益を獲得すれば良いのです。その場合，やはり注目すべき点は，投資する会社の業績はどうか，安定的な経営を行っているかという点ではないでしょうか。

IV-9-6 | 株式投資の魅力

　株式投資の魅力は，実はキャピタルゲインを得るためだけではありません。株式優待制度や配当金の存在も株式投資の大きな魅力となります。**株主優待制度**とは，ある企業の株主になれば独自商品やサービス等の特典を受けられることです。たとえば，皆様がある私鉄沿線に住んでおり，その私鉄の搭乗券が優待制度で手に入るのであれば大変魅力的でしょう。また，会社の利益の一部が株数によって株主に分配されます。利益の大きな会社ほど配当金も大きい傾向にあり，株式投資の大きな魅力になります。

　皆様は，必ずしもキャピタルゲインだけを狙うような投資をする必要はありません。安定的な株式を購入して，株式優待制度や配当金を獲得していくことも良いでしょう。

　いずれにしても，キャピタルロスの危険がある株式投資は，ライフステージの第3段階の金融商品ということができます。しかも，貯蓄額全体の内，株式投資は一定率以内に抑えて運用することが必要です。皆様は，専門の投資家になる必要はないのですから。

PART Ⅳ-10 金融商品と税金

Ⅳ-10-1 | 税金について

　銀行預金の利子には税金が発生します。利子は収入（＝所得）とみなされるからです。利子に対する税率は一律20％（国税15％＋地方税5％）です。例えば，100円の利子がついたら，100円×20％＝20円を税金として納めなければなりません。

　さらに，平成25年から令和19年までの25年間は，東日本大震災からの復興のために，20％に加え，復興特別所得税が上乗せされます。税率は，所得税率（15％）×2.1％です。つまり，15％×2.1％＝0.315％となります。よって，預金の利子は，国税15.315％＋地方税5％の合計20.315％が税金として引かれることになります。

　株式等の譲渡所得等，配当金，投資信託の譲渡所得，分配金などにも，同様に20.315％が税金として引かれることになります。

Ⅳ-10-2 | 総合課税と分離課税

　利息等に税金がかかることを**課税**といい，その方法を**課税方法**といいます。課税方法には総合課税と分離課税の2つの方法があります。**総合課税**は事業所得や，不動産所得，株の譲渡所得などをひとくくりにしてから課税する方法で，一方，**分離課税**では所得ごとに分けて課税します。

Ⅳ-10-3 申告分離課税と源泉分離課税

分離課税には確定申告を行う必要ある申告分離課税と，確定申告を行う必要がない源泉分離課税に分けられます。**申告分離課税**では確定申告を行うので，翌年の確定申告によって税金を払うことになります。一方，**源泉分離課税**では，確定申告を行わない代わりに支払い元が税金を徴収するので，発生の都度税金が課されることになります。

銀行預金の利子は，源泉分離課税となります。つまり，支払い元つまり金融機関が税金を徴収する義務を負っており，口座に入金される金額は，銀行が利息から税金を徴収した後の金額となります。

一方，株式や投資信託の売却益は，給与所得とは分けて課税される申告分離課税です（後述）。また，配当金や分配金も，基本的には申告分離課税ですが，総合課税の選択も可能であり，また確定申告をしないで源泉徴収だけで済ませる**確定申告不要制度**を選択できる場合もあります。

Ⅳ-10-4 給料は源泉分離課税か

ここで余談ですが，給料と源泉分離課税についてお話します。自分の給与明細を見てください。所得税として税金が引かれていることに気付くでしょう。つまり，皆様が勤めている会社は，皆さんの給料から所得税を源泉徴収しているのです。但し，給料は源泉分離課税ではありません。源泉分離課税では，源泉徴収された時点で課税関係が完了していなければなりませんが，給料においては毎月徴収される金額はあくまで所得税の仮払いであり，最終的には年末調整や翌年に行われる所得税の確定申告によって確定するからです。

Ⅳ-10-5 　３種類の証券口座

　前述のとおり，株式や投資信託の売却益は申告分離課税ですが，課税方法は
どの証券口座かによっても違いが生じます。証券口座には３種類あり，それぞ
れ課税方法が異なるのです。皆様は，株式や投資信託を所有している場合，ど
の証券口座にするか選択することになります。

　まず，**特定口座（源泉徴収あり）**は，源泉徴収選択口座ともいい，利益が出
ている場合には証券会社が納税を行ってくれます。ですから，基本的に確定申
告は必要ありません。次に，**特定口座（源泉徴収なし）**は簡易申告口座ともい
い，証券会社によって交付された年間取引報告書をもとに，利益が出ている場
合は確定申告をして納税する必要があります。最後に，**一般口座**は，取引明細
をもとに自分で１年間の損益を計算し，利益が出た場合には確定申告が必要に
なります。但し，利益が20万円以下などの場合は，確定申告は不要になります。

　皆様は，通常であれば最も手間のかからない特定口座（源泉徴収あり）を選
択するのが良いでしょう。なお，特定口座（源泉徴収あり）の場合でも，確定
申告の権利は失っておらず，たとえば，複数の証券口座を保有していて，その
合計額がマイナスの場合などは確定申告するのが良いでしょう。

Ⅳ-10-6 　NISAとiDeCoによる節税

　Ⅳ-10-5で証券口座には３種類あると言いましたが，実はまだこの他に選
択できる口座があります。それが，**NISA口座**です。NISAとは，NISA口座
内で，毎年120万円の範囲内で購入した金融商品から得られる利益が非課税に
なる制度です。株式・投資信託等の配当・譲渡益等がすべて非課税になります。

　また，少額からでも始められる積立NISAやiDeCoも活用できるでしょう。

　NISAやiDeCoは，いずれも利便性は高いと言えます。これらについては，
PartⅣ-3でも記載していますのでご確認ください。

PART V
バランスシートを活用する

　（株）税務経理協会のホームページ（http//www.zeikei.co.jp/news/n38511.
html）から「早稲田おひとりさま経営研究所」にアクセスしていただければ，
テンプレートをダウンロードできます。

PART V-1 バランスシートの仕組みと活用

V-1-1 誰でも作れるバランスシート

　PART Vではバランスシートについて説明します。ここで述べるバランスシートは，私が早稲田大学エクステンションセンター八丁堀校で平成13年から講師を務めていた「ホームマネジメント」での講義内容をベースにしています。本書はそれをさらに発展させています。

　バランスシートについて，当時の講義内容と本書の内容で共通しているのは次の点です。普段あまり聞いたことのない「棚卸」や「正味財産」については，のちほど説明します。

早稲田大学エクステンションセンターと本書のバランスシート

> ① 複式簿記などの会計の知識がなくても理解できる。
> ② 煩雑な作業を行わなくても作成できる。
> ③ 作成することで，必要な情報を普段から整理できるようになる。
> ④ その情報整理のことを「棚卸」と称する。
> ⑤ バランスシート作成の目的は，「正味財産」の変化（増加，維持，減少）を観察し，早期に対処することである。

　企業・団体が行っている会計では，複式簿記を使って，一定の手続きを経て貸借対照表や損益計算書を作成します。そのためには複式簿記の原理や会計科目についての基礎知識が必要になります。また，全ての会計取引を丁寧に記録し，積み上げていかなければなりません。

　PART Vでは，早稲田大学エクステンションセンターの時と同様に，大胆にそういった知識や手続きを省略しても作成できるバランスシートを提案しま

す。会計の世界では、「**貸借対照表＝バランスシート**」なのですが、貸借対照表を用語として使用すると、「むずかしそう」、「複雑そう」、「手間がかかりそう」と感じてしまうかもしれません。読者の皆さんがそういった印象を抱くことがないよう、本書では貸借対照表ではなく、あえて**バランスシート**と呼ぶことにします。

Ⅴ－1－2 バランスシートの基本用語である「財産、債務、正味財産」

バランスシートは、次のように、財産、債務、正味財産の3つの概念から構成されています。会計では資産、負債、純資産と称しますが、本書では会計と混同しないように、このような用語を用いることにします。

図表PARTⅤ－1－1　バランスシートに欠かせない3つの用語

用　　語	内　　奥
財　　産	あなたが持っているモノの中でも金銭的に価値のあるモノとその金額。例えば、ほかの人が、「○○円だったら買ってもいいかな」と言ってくれるようなモノで、有形無形は問わない。
債　　務	あなたが将来特定の人や企業・団体に返還しなければならない義務とその金額。例えば、「これから○○に返さなければ（支払わなければ）ならないのが○○円残っている」といったような義務。
正味財産	財産から債務を控除した差額。

正味財産は財産と債務の差額です。これらは、いずれも○○円といったように円貨で把握することができるものです。また、正味財産は財産から債務を控除した差額ですので、これらは次のような関係式で表すことができます。

図表PARTⅤ－1－2　財産、債務、正味財産の関係式

2番目の式を財産，債務，正味財産という3つの塊（あるいは箱）で表すと次のようになります。

図表PARTⅤ-1-3 財産，債務，正味財産の関係図

この図表でもわかりますが，左にある財産と，右にある債務と正味財産の合計は同額になります。左右が均衡しているのがバランスシートだとイメージしてみてください。

私たちが普段から心がけるのは，いかに財産を増やすか，あるいは，これを減らさないようにするか，また，債務を順調に減らすかということです。さらに，思いがけない債務を負わされることがないようにすることが重要になります。こういった心がけによって，正味財産を維持あるいは緩やかに増やすことができます。

図表PARTⅤ-1-4 財産・債務で絶対に避けなければならないこと

財　　産	短期間に大きく増やそうとすること。
債　　務	短期間に大きく減らそうとすること。

Ⅴ-1-3 財産の内容と特徴

財産の代表的なものは次の通りです。

図表PARTⅤ-1-5 財産の例

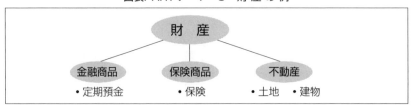

また，バランスシートを作成する際に，どのような財産をあなたが持っているのか，そういった財産を把握するためには次の点を理解する必要があります。

財産の特徴

① 財産は多種多様である。

② どのような財産も数量と時価から構成されています。

③ 財産は「数量×時価」で計算されます。

④ 数量が変動する財産がある。

⑤ 時価が変動する財産がある。

財産は多種多様ですが，財産とその数量，時価の例を財産ごとに示すと次のようになります。バランスシートを作る際に金額の小さなものもすべて財産だとすると作業が大変になってしまいます。「数量×時価が10万円以上のものが財産だとしよう」と自分自身でルールを決めておくのが良いでしょう。

図表PART V − 1 − 6　財産の数量と時価

財 産 の 例	数　　量	時　　価
土 地 の 例	100（㎡）	1 ㎡当たり10万円
生命保険契約	1 契約	解約返戻金120万円
定期預金の例	3 （件）	1 件当たり100万円
外貨預金の例	1 （件）	1,000ドル×為替レート100円／ドル

V−1−4 ┃ 債務の内容と特徴

債務の代表的なものには次のようなものがあります。

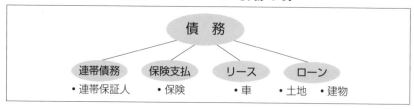

図表PARTⅤ－1－7　債務の例

また，バランスシートを作成する際に，どのような債務をあなたが負っているのか，そういった債務を把握するためには次の点を理解する必要があります。

債務の特徴

①　いつまで支払い続けるか，金利が何％か等々，条件が明らかになっている。
②　１回あたりの支払額も明らかになっている。
③　支払いを止めると相応のペナルティが発生するものもある。
④　これらの条件は文書化されている。
⑤　まだ条件が決まっていない，あるいは文書化されていない漠然とした債務もある。

　あなたが家を購入するために銀行から3,000万円を借入れたとします。この住宅ローンは，バランスシートを作る際の債務に該当します。銀行と契約を結び，毎月５日に10万円の返済が始まります。10万円の中身は，９万５千円の元本返済と５千円の利息で構成されているとします。今後の元本の返済と利息のスケジュールは，銀行が作成してくれる返済予定表で明らかになっています。金利が変動するのであれば，変動の都度銀行から最新の返済予定表が送られてきます。それを見れば，これから先の元本の返済額，利息，借入金の残高がわかります。

バランスシート・家計簿と企業会計

V–2–1 企業・団体の会計サイクル

企業・団体が一般的に行っている会計のサイクルを示したのが次の表です。

図表PARTV－2－1　企業・団体の会計サイクル

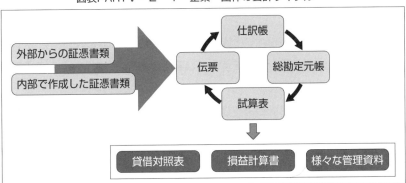

　最近は会計ソフトを使って処理をするのが一般的です。個々の取引を漏れなく正確に，正しい取引日で記録することで，貸借対照表や損益計算書を作成することになります。そのために企業・団体に求められる職務上の意識は次の点です。

企業・団体の会計に求められる職務上の意識

① 決算日までの期間にわたり個々の会計取引を複式簿記で記録する。

② すべての取引を漏れなく記録する。

③ 取引実態のあるものだけを記録する。

④ 正しい会計科目に正しい金額で記録する。

⑤　実際に生じた取引の日付で記録する。

V-2-2 ｜ バランスシートと家計簿

　バランスシートは財産，債務，そしてこれらの差額である**正味財産**の状況を示します。一方，**家計簿**は，収入，支出，そしてその差額である家計収支の状況を示すための基礎資料です。バランスシートと家計簿には次のような関係があります。

バランスシートと家計簿の関係

①　以前の決算日の翌日から今回の決算日までの期間の収入と支出，そしてその差額である家計収支を示しているのが家計収支表であり，その基礎資料が家計簿である。

②　家計簿は日々の日記のようなもので，それを集計したのが家計収支表である。

③　バランスシートと家計簿を作る前に重要な点は，決算日を決めるということである。

④　決算日現在の財産と債務の残高，そしてその差額である正味財産を示しているのがバランスシートである。

⑤　バランスシートを作るのに重要な作業が「棚卸」である。

　近所のスーパーの入り口に，「棚卸のため，本日は午後10時に閉店します。」といった張り紙を見たことがあるでしょう。本来「棚卸」は，棚に並んだ商品が何個あるのかを正確にカウントすることですが，本書ではそれに限らず，バランスシートを作る際の「情報の整理」を「棚卸」と呼ぶことにします。

バランスシート作成のための棚卸

①　多種多様な情報を整理整頓する。

② 財産の数量情報を入手する。

③ 財産の時価情報を入手する。

④ 債務の残高についての情報を入手する。

⑤ 情報はバランスシートを作成するためだけではなく，様々な用途に利用できるよう，基本情報をファイリングする。

V-2-3 家計簿の特徴

家計簿は毎日の収入と支出の日記帳のようなものです。企業・団体でも現金出納帳を作成しているところもあります。家計簿は現金出納帳に似た帳簿です。企業・団体の会計と異なり，家計簿には，一般的に次のような特徴があります。

家計簿の一般的な特徴

① 特に決算日を決めているわけではない。

② 家計簿に記録するのは，誰かに強制されているわけではなく，そのため，三日坊主になりやすい。

③ 様式は様々である。作成のためのルールがない。

④ 必ずしも1円単位までのすべての入出金を記録する必要はない。

⑤ 複式簿記を必要としない。

V-2-4 バランスシートの作成の流れと特徴

バランスシートは，**図表PART V-2-2**のように情報の棚卸で作成されます。情報はワークシートを介してバランスシートにまとめられます。

図表PARTV－2－2　棚卸の概念図

そして，本書のバランスシートについて企業・団体の会計や家計簿と比較すると，次のような特徴があります。

バランスシートの特徴

> ① 決算日を決める。
>
> ② 一年間の記録を蓄積してゆくのではなく，決算日時点の金額（数量×時価）を集計する。
>
> ③ 複式簿記で記録する必要はない。
>
> ④ 複式簿記を使用しないため，家計簿とは連動しない。
>
> ⑤ 様々な目的で作成することができる。

バランスシートと「家計簿とは連動しない」と書きましたが，密接に連携することが重要になります。そのため，以下ではバランスシートだけではなく家計簿の作成・利用についても説明します。前に，家計簿は「特に決算日を決めているわけではない」と書きましたが，バランスシートと連携するためには，決算日が重要になります。本書では，決算日を12月31日とすることにしましょう。

家計簿の作成

V－3－1 家計簿作成のルール

　決算日が12月31日と決まれば，家計簿の集計期間は1月1日から12月31日までの1年間ということになります。

　それ以外についても家計簿作成のルールを決める必要があります。

自分で決める家計簿のルール

① 市販の家計簿に記入するか，表集計ソフトの家計簿様式に入力するか。

② 入出金の都度記入するか，まとめて記入するか。

③ まとめて記入する場合，いつ記入するか。

④ どの程度正確に記入するか。

⑤ 家計簿を基礎資料として家計収支表を作成することになるが，その家計収支表は毎月，四半期ごと，半年ごと，あるいは年に1回作成するか。

　決めなければならないルールで重要なのは家計簿の精度です。企業会計は複式簿記を使って，1円たりとも間違ってはいけないのですが，家計簿にそこまでの精度を求める必要はないでしょう。仕事から帰ってきて掃除，洗濯をしなければなりません。家計簿作成が三日坊主では困ります。これらのことを配慮しますと，無理をしない負担としては，毎月1回まとめて記入するとしても，1時間ほどで家計簿が作れることを想定しましょう。

本書で想定する家計簿のルール

① 表集計ソフトの家計簿に入力する。

② 毎月作成する。

③　1か月分をまとめて入力する。

④　1か月が終わったら，翌月5日に入力作業をする。

⑤　上記④の作業が1時間で済む程度の精度で作成する。

V-3-2 | 家計簿作成に必要な書類

　表集計ソフトの家計簿には収入と支出を入力しますが，そのための準備として，入力に必要な書類を予め整理する必要があります。

　収入の種類はあまり多くはないでしょう。主要な収入は給料・賞与でしょうが，家計簿に入力するときには予め給与明細書を手元に用意しておいてください。勤め先から紙でもらう場合もあれば，今ではスマホやパソコンから所定のサイトにアクセスして，自分の給与情報をデータでダウンロードする場合もあります。

図表PART V-3-1　家計簿作成に必要な収入関係書類

収　　入	給料・賞与	給与明細書 通帳
	そ の 他	支払先からの「支払いのお知らせ」 入金先と入金額が印字された通帳

　支出の内容は様々です。支払の仕方によって，現金払い，カード払い，口座引落，銀行やコンビニでの振込に分けられます。4つの支払い形態によって，家計簿入力に必要な書類も異なります。

図表PART V-3-2　家計簿作成に必要な支出関係書類

支　　出	現 金 払 い	領収書 レジシート
	カード払い	購入店の領収書・レジシート クレジットカード売上票 カード会社からのご利用代金明細（カード会社のサイトからデータで取得する場合も同様）

		支払額と支払先が印字された通帳
口座引落		引落に関する「お知らせ」 支払額と支払先が印字された通帳
振 込		相手先からの請求書 振込明細 支払額と支払先が印字された通帳

V−3−3 領収書等の整理

　市販の家計簿に手書きで記入する場合には領収書等を1か月分揃え，それらを日付ごとに並べ替え，さらに同じ日の領収書等は科目ごと，支払先ごとに整理してから記入することになります。

　表集計ソフトに入力する場合にも，効率的に作業を進めるために，日付ごと，科目ごと，支払先ごと，または，科目ごと，支払先ごと，日付ごとに領収書等を整理して入力することになります。

　表集計ソフトで作った家計簿が便利なのは，「コピー・ペースト」を利用して入力作業を効率化できること，データを並べ替えることができること，さらに，過去に入力したデータを検索するのが容易だという点にあります。

書類整理の要領

① 　現金払いは，「日付ごと，科目ごと，支払先ごと」または，「科目ごと，支払先ごと，日付ごと」にまとめる。

② 　同じスーパーで頻繁に食料品を買っている場合には，一か月分の領収書の合計金額を集計しておく。少額な購入・支払は科目ごとに集計して，入力の効率化を工夫する。

③ 　銀行取引（給与等の振込，カード払い，口座引落，振込）は，日付ごとにまとめる。

④ 　カード払いの場合は，カード会社からの引落明細と購入の際に店が発

行した領収書を予め照合しておく。

⑤　小さなレジシートや領収書は，紛失しないようにＡ４サイズの紙に糊付けしておく。

Ⅴ-3-4　表集計ソフトで作った家計簿への入力

本書では，表集計ソフトの家計簿を用意しました。使い方は次の通りです。

１日に2,500円で購入した本の領収書があったとします。その領収書に「領収書No.」を記入しておきます。「日付欄」に購入年月日を入力します。次に新聞図書費と表示するために「コード欄」に36と入力します。そうすると科目は自動的に表示されます。「入出金内容欄」にはどのような書籍を購入したか簡潔に記入します。「入出金先欄」には購入した店の名前を記入します。金額欄には，領収書の税込金額を入力します。現金払いの場合には，「入出金方法欄」に１と入力します。入力したコードをもとに「出金欄」に2,500という金額が表示されます。

図表PARTⅤ-3-3　表計算ソフトの家計簿

この家計簿に１月から12月まで入力すると，そこまでの科目ごとの集計結果が表示されます。

１か月分の入力を１時間で済ませるためには，次のように作業の効率化を図るとともに，後日行う分析のことも考慮する必要があります。

家計簿入力の要領

---

① 給料・賞与の場合は，銀行口座に振り込まれる差引金額ではなく，給与明細書を見ながら，支給項目と控除項目に分けて入力する。

② 「入出金内容」の欄には，数年後に見返したときに思い出せる程度に具体的に記載する。

③ カード払いの場合，店で購入した月と銀行口座から引き落される月が異なるが，家計簿には店で購入した月に入力する。

④ 例えば５月の家計簿入力をしている時に３月の領収書が見つかった場合，遡らずに，続けて３月の日付で入力する。

⑤ 例えば基準を決めておいて，購入・支払が１回3,000円を超える場合には詳細に入力し，それよりも少額な場合にはまとめて合計入力するなど，作業の効率化を図る。

PART V-4 家計簿と家計収支表の管理

V-4-1 家計簿入力の締め切り

　家計簿は日記帳のようなものです。そこからは，家計の変化を読み取ることはできません。それを科目ごとに集計する必要があります。集計した表が**家計収支表**です。

　その前に，必ず家計簿入力の締め切り作業をしてください。家計簿に漫然と入力したのでは，記入漏れや金額間違い，二重入力などに気づかずに機械的に家計収支表を作成してしまうことになります。それでは，家計の変化に気づかずに対策もとれません。それを避けるために，締め切り作業を行ってください。決して難しい作業ではありません。

家計簿入力の締め切り作業（表集計ソフトで家計簿を作成した場合）

① 　入力結果を俯瞰して，「収入－支出」がおかしくはないか（図表PART V－4－1参照）。

② 　表集計ソフトで作った家計簿を日別にソートして，月初から月末まで眺めてみる。

③ 　同じように家計簿の「入出金方法」を現金，カード，銀行取引ごとにソートして，領収書，通帳，請求書と照合する。

　本書で説明している家計簿は，企業・団体並みの精度ではなく，1か月分を1時間程度で作る程度の精度を想定しています。それでも，金額の桁を間違っていたり，二重入力の間違いは避けなければなりません。上記の①～③を確認してから，家計収支表の集計作業に入ることにしましょう。

　1か月の家計簿入力を1時間で仕上げても，締め切り作業に時間を使うのは

効率的ではありません。短時間に締め切り作業を終えるのに重要なのは，まずは全体を俯瞰することです。そこで納得できない結果になった時に，より詳細な確認作業を行うことになります。上記①については，次のような確認作業をします。

図表PARTⅤ－4－1　1か月の締め切り作業「収入－支出」の確認

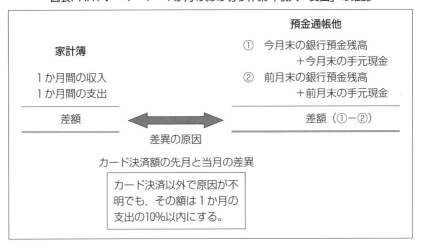

V－4－2　家計簿の集計

　表集計ソフトで作った家計簿に1月から2月の途中まで入力をしているとします。

図表PART V－4－2　家計簿の入力

家計簿の上部には科目ごとの集計結果が表示されていますが，そこには1月分と2月の途中までは表示されています。この中から1月分だけを抽出します。

図表PART V－4－3　家計簿から1月分だけを抽出

さらにそこから科目ごとに抽出作業を行います。

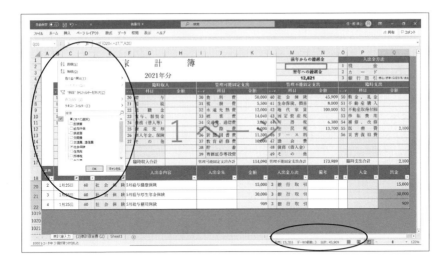

V-4-3 家計収支表の作成

家計収支表の収入と支出は次のような構成になっています。

図表PART Ⅴ-4-4　家計収支表の項目

項目
収入
給料
その他
支出
食費
教育費
日用品費
水道光熱費
交通費
通信費
医療費
交際費
税金
保険料
ローン
貯金
こずかい
差引

家計収支表の項目に毎月金額を記録しただけでは，財産を増やすためのヒントを得ることはできません。重要なのは，作成した家計収支表をどのように分析して，財産を増やすヒントを見つけるかです。

図表PARTⅤ-4-5　家計収支表の作成

収入の部			2021年												
			1月	2月	3月	4月	5月	6月	7月	8月	9月	10月	11月	12月	年間合計
	固定収入														
	0 給 与 所 得	10	303,000												303,000
	1 事 業 所 得	11													
1	2 不 動 産 所 得	12													
	3 利 子 配 当 所 得	13													
	4 雑所得（年金等）	14													
	固定収入合計		303,000												303,000
	臨時収入														
	0 慰　謝　料	20													
	1 相　　　続	21													
	2 退　職　金	22													
2	3 賞 与、報 奨 金	23													
	4 債 務（借 入 等）	24													
	5 財　産　売　却	25													
	6 個人年金、保険金等解約	26													
	7 そ　の　他	27													
	臨時収入合計														
収入の部合計			303,000												303,000
支出の部															
	管理可能固定支出														
	0 食　料　費	30	50,000												50,000
	1 被　服　費	31	55,000												55,000
	2 水 道 光 熱 費	32	12,000												12,000
	3 娯　楽　費	33	14,040												14,040
3	4 交通費、通信費	34	1,850												1,850
	5 交　際　費	35	8,000												8,000
	6 新 聞 図 書 費	36	3,500												3,500
	7 教 育 研 修 費	37	10,000												10,000
	8	39													
	9	39													
	管理可能固定支出合計		154,390												154,390
	管理不能固定支出														
	0 社 会 保 険	40	45,909												45,909
	1 生命保険、損害保険	41	8,000												8,000
	2 地 代 家 賃	42	100,000												100,000
	3 固 定 資 産 税	43													
4	4 所　得　税	44	3,680												3,680
	5 住　民　税	45	13,700												13,700
	6 リ ー ス 料	46													
	7 諸　会　費	47													
	8 債務（借入金）返済	48													
	9 そ　の　他	49													
	管理不能固定支出合計		171,289												171,289
	臨時支出														
	0 敷　金　礼　金	50													
	1 不 動 産 購 入	51													
5	2 不動産取得付随支出	52													
	3 移　転　費　用	53													
	4 補 修、改 修	54													
	5 医　療　費	55	2,100												2,100
	6 災 害 復 旧 費	56													
	臨時支出合計		2,100												2,100
支出の部合計			327,779												327,779
収支差額			△24,779												△24,779
前月繰越収支差額				△24,779	△24,779	△24,779	△24,779	△24,779	△24,779	△24,779	△24,779	△24,779	△24,779	△24,779	
次月繰越収支差額			△24,779	△24,779	△24,779	△24,779	△24,779	△24,779	△24,779	△24,779	△24,779	△24,779	△24,779	△24,779	△24,779

Ⅴ-4-4　家計収支表の分析と対策

家計収支表が完成したら，家計の変化に気づき，対策を講じることにしましょう。

「支出項目のすべてを一律10％カット」といった方法は避けましょう。「ある支出項目だけを50％カット」といった方法も避けましょう。生活が楽しくあり

ません。近所のクリニックに早く行けば良かったのに，医療費の削減によって，診てもらうのが遅くなり，最悪入院，手術に至ってしまうかもしれません。

家計収支表の分析をして，支出が多くなっている根本原因を見つけ，その改善に努めましょう。削減に努めるものも，根本原因の改善につながる３つだけに絞り込みましょう。分析のコツは，「**タテ，ヨコ，オク，ホカと**」です。

家計収支表分析のコツ

① 比較をすることです。

では，何と比較するか。

② タテに比較する。

③ ヨコに比較する。

④ オクと比較する。

⑤ ホカと比較する。

図表PART Ⅴ－４－６　家計収支表の分析の概念図

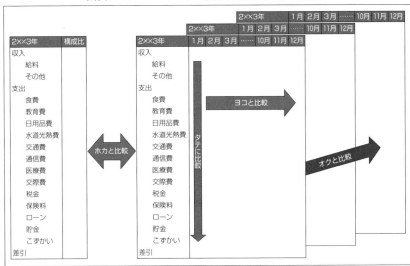

タテに比較するとは，月々の支出を項目別にみて不自然に金額が大きく，削減の余地がありそうなものを探し出すことです。**ヨコ**に比較するとは，各項目

の月々の推移をみて，不自然に金額が大きくなる月に削減の余地がないかを探ることです。**オク**に比較するとは，前年，前々年，さらにそれ以前の同じ月の支出と比較してみて，削減の余地がないかを探ることです。これらは自分の家計の観察です。公表されている家計消費動向の調査結果とを比較して，削減の余地を探るのもまた有効でしょう。これが**ホカ**と比較するということです。

PART
V−5 様々なバランスシート

V−5−1 様々なタイプのバランスシート

　さあこれからバランスシートの作成です。バランスシートは，あなたがどのような正味財産を知りたいのかで，様々なタイプのものを作ることができます。バランスシートや家計簿を作成するために，本書では決算日を12月31日としました。12月31日現在のバランスシートが本書で基本としているバランスシートです。これは**現在・定時型**バランスシートと呼ぶことができます。

図表PART V−5−1　様々なタイプのバランスシート

	現 時 点	将 来
定 時 型	現在・定時型	将来・定時型
判 断 型	現在・判断型	将来・判断型
終 活 型	現在・終活型	将来・終活型

　バランスシートは現在・定時型だけではありません。将来10年後の12月31日のバランスシートを作成することができます。人生で大きな買い物をする場合があります。銀行からの融資を受けてマンションを購入したいと希望した場合，家計にどのような影響があるか見たいと思ったときにもバランスシートを作成できます。

　あなたが老いたら，自分の財産を全て使い切ってしまおうと考えても良いでしょうし，甥や姪に残してあげたいと思うかもしれません。財産を残そうとした場合，甥や姪の相続税のことも考慮する必要があります。そのような場合にもバランスシートが役に立ちます。

V-5-2 定時型バランスシート

図表PART V-5-2　定時型バランスシートの概要

現在・定時型	あなた自身で決算日を決めて，毎年同じ決算日にバランスシートを作成する。
将来・定時型	現在持っている財産や負っている債務が将来どのように変化するかを観察するために将来の決算日の状況を予想して作成する。

　12月31日を決算日に決めて，バランスシートを作成したとします。それは，実際にあなたが持っている財産と負っている債務を集計したものです。それが標準タイプです。これは，12月31日時点での実際の正味財産を評価するために行います。標準タイプのバランスシートは「**現在・定時型バランスシート**」と呼ぶことができます。

　今年バランスシートを作り，翌年もまた同じようなバランスシートを作ります。毎年バランスシートを作ることで，正味財産が増えていく楽しみを味わうことができます。

　バランスシート作成の経験を積んでゆくと，今の財産と債務が将来どのように変化するか知りたくなるでしょう。あるいは，将来どうなるか不安になった時に将来のバランスシートを作ってみたいという気持ちになるでしょう。

　将来のバランスシートを作ってみると，漠然とした将来への不安も案外杞憂であったことに気が付くかもしれません。現時点では見つからなかった問題点に早く気付くかもしれません。早期に問題点が発見できれば，早く対策を講ずることができます。

　このように，現在の財産や債務を基礎にして，一定の仮定の下で将来を予想して作成されるバランスシートは，「**将来・定時型バランスシート**」と呼ぶことができます。

V-5-3 判断型バランスシート

図表PART V-5-3 判断型バランスシートの概要

現在・判断型	仮に現時点で次のような判断が必要になった場合，財産，債務，正味財産がどう変化するかを観察するために作成する。 ① 財産の処分や売却 ② 財産の購入 ③ 財産構成の変更 ④ 債務の返済 ⑤ 新規の債務 ⑥ 債務構成の変更
将来・判断型	上記の①〜⑥のような判断をした場合，将来5年後，10年後に財産，債務，正味財産がどのように変化するかを観察するために作成する。 現時点だけでは判断がつかない場合や現時点での判断型バランスシートの結果を補強・補充するために作成する。

　現在・定時型バランスシートをつくることで，多種多様な財産の全体像が一枚の書類上で明らかになります。現在・定時型バランスシートの利点は，あなたの財産と債務の全体像が分かることで，次のアクションを容易に起こすことができるということです。

　不動産会社から電話が掛かってきたとします。「ワンルームマンションの一室を購入しませんか」という勧誘でした。すでにあなたはマンションを購入して，そこに住んでいます。ワンルームマンションを購入すれば家賃収入を得ることができます。

　この場合，ワンルームマンションの一室を購入するかどうかの判断のために，臨時的にバランスシートを作ることをお勧めします。それは，「**現在・判断型バランスシート**」と呼ぶことができます。ワンルームを購入する前と購入後のバランスシートを作成して，財産と債務の変化を検討し，購入の判断をすることができます。

　同時に賃貸用の一室を購入後10年経過した時のバランスシートを作成するこ

ともお勧めします。10年後に正味財産が増えていれば，購入の判断をすることになるでしょう。もしも10年後に正味財産が減っているのであれば，購入を断念することになるでしょう。このように将来を予想して作ったバランスシートは「将来・判断型バランスシート」と呼ぶことができます。

　持っている財産を売却してワンルームを購入しようとする場合には，譲渡所得に対して所得税がかかる可能性があることも考慮しておく必要があります。判断型バランスシートでは，納税額を試算してそれを反映する必要がある場合もあります。

V-5-4 ｜ 終活型バランスシート

図表PART V－5－4　終活型バランスシートの概要

現在・終活型	自分で決めた決算日や思い立った日時点で亡くなったと仮定し，相続を想定して作成する。 相続税の試算も実施する。 財産も債務も相続税法に基づく。 評価は財産評価基本通達に基づいて実施する。
将来・終活型	将来5年後，10年後あるいは20年後に亡くなったと仮定し，その際に現在持っている財産や負っている債務がどのように変化するかを観察するために試算する。 相続税の試算も実施する。 将来の相続税法や財産評価基本通達が判明しているのであればそれを採用する。 将来の相続税法や財産評価基本通達が判明していないのであれば，現在の相続税法や相続税率を用いて試算する。

　「人生の総決算」が近づいてくると相続税のことが心配になります。「人生の総決算」に向けたバランスシートを作ることもあるでしょう。あの世におカネは持ってはいけません。どなたかがあなたの財産を相続することになります。

　あなたは亡くなっているので税金のことを心配する必要はありません。しかしながら，あなたの財産を相続した方が相続税を支払わなければならないかもしれません。あなたが亡くなった際には，葬式費用など多額な支出が生じるか

もしれません。あなたの死後親族に経済的な負担がかからないか心配になります。

あなたの財産と債務を引き継ぐのが誰で，相続によってどれだけの納税が必要で，納税のためには財産のうちどれだけを預金で残してあげないといけないのか，それを予め試算しておくためにバランスシートを作成したいと思うようになります。このように終活を意識して作成するのが「**現在・終活型バランスシート**」です。

今は元気でも10年後はどうなるかわかりません。10年後に財産や債務がどのように変化し，それによって相続税がどの程度になるのか，今の税制を前提に将来を予想して作成されたバランスシートは，「**将来・終活型バランスシート**」と呼ぶことができます。

定時型や判断型のバランスシートであれば，あなたが作成上のルールを決めれば良いのです。終活型バランスシートは，相続税法や財産評価基本通達に従ってバランスシートを作成する必要があります。定時型や判断型と比べると格段に高い精度が求められます。

終活型バランスシートは簡単に作ることができないかもしれません。専門書を買って，頑張って自分自身で作るか，最初は専門家である税理士にそれぞれの財産の評価を有料でおこなってもらい，それをテンプレート化することで，その後は自分で試算する方法もあります。

PART V-6 棚卸による情報整理術

V-6-1 | 紙か電子データか

　バランスシートを作るための棚卸は、前にも書きましたが、財産や債務の情報整理のことです。

バランスシート作成のための棚卸

① 　基本情報を収集し、保管する。基本情報はバランスシート作成以外でも役立てることができる。

② 　自分自身で決めた決算日や、場合によっては任意の日の数量情報を収集する。

③ 　同じく、決算日や任意の日の時価情報を収集する（時価についての将来予想を含む）。

④ 　基本情報、数量情報、時価情報を用いて棚卸表を作成し、保管する。

⑤ 　棚卸表を使ってワークシートやバランスシートを作成し、これらを保管する。

　整理した情報をどのようにして保管するかを検討する必要があります。方法としては、紙で保管する方法と電子データで保管する方法があります。それぞれには長所と短所があります。どちらの保管方法でも構いません。

　本書は紙で保存する方法を中心に説明することにします。説明するのは入手した情報の整理の仕方ですので、電子データの場合でも応用は可能です。紙で入手した情報を項目別に整理して、それにリファレンスを付け、収集した日付を余白に記入しておけば、いつでも閲覧が可能です。電子データを整理する場合も、入手した日付を含め、わかりやすいファイル名を付しておいて、項目ご

とにフォルダ内を整理しておけば，いつでも閲覧が可能になります。

　定時型バランスシートは，1年に1回しか作業をしません。1年前にどのような作業をしていたのか，どのような作業で手間取ったのか，数量情報と時価情報からどのように金額を計算したのか，思い出すのに時間がかかってしまいます。1年後に作業がしやすいように，情報をファイリングするのが肝要です。

V-6-2 ファイリングのためのリファレンス

　私の会計事務所では，業務で書類をファイリングする際のルールを設けています。これは，すべてのクライアントに共通しています。そのファイリングのルールを参考に，バランスシート作成のためのファイリングを示すと次のようになります。

図表PART V-6-1　ファイリングのためのリファレンス

セクション	綴られる情報	セクションの概要
A	全体を総括するためのセクション -1　次回作業のための留意点 -2　今回の作業上の課題 -3　バランスシートの分析結果 -4　完成したバランスシート -5　前回のバランスシート -8　今回の作業スケジュール -X　全体に関連する根本的な情報	このセクションは，全体作業のまとめのセクションで，また，過去と将来の作業を繋ぐ役割をしている。
B	バランスシート作成のためのワークシート	財産や債務について作成した棚卸表を使ってバランスシートを作成するためのセクション
C	現金及び預金のセクション -1　棚卸表 -2　基本情報 -3　数量情報 -4　時価情報 -5　その他有用な情報 -X　現金及び預金に関連する根本的な情報	C以降は，該当する財産や債務の情報が綴られたセクション
D	有価証券のセクション 構成は現預金のセクションと同じ	Cと同じ。

Ｃセクションから Ｓ セクションまでの詳細を示したのが次の表です。これで
ほとんどの財産と債務は網羅することができます。これらのうちＣセクション
からＭセクションまでが財産区分，Ｎセクションから Ｓ セクションまでが債務
区分に属します。

図表PART Ⅴ－6－2　　Ｃ以降の各セクション

セクション	区分	例
C	現預金	現金、普通預金、定期預金、郵便貯金
D	有価証券	上場株式、個人向け国債
E	事業からの債権	個人事業者の売掛金
F	商品	個人事業者の商品在庫
G	事業以外からの債権	勤務先からもらう予定の退職金
H	知的財産権	特許権、実用新案権、著作権
I	非上場会社株式・債権	株主として出資している非上場会社の株式 その会社への債権・債務
J	敷金・保証金	賃借している自宅や個人事業で借りている店舗の敷金 スポーツジムに支払っている保証金
K	不動産	土地、建物
L	動産	車、時計、骨とう品
M	保険契約	保険商品
N	事業からの債務	個人事業者の買掛金
O	租税債務	所得税、相続税、固定資産税 個人事業の消費税及び地方消費税
P	事業以外からの債務	他の個人や企業・団体への未払金
Q	借入金	銀行借入金、オートローン、個人からの借入金
R	未払退職金	個人事業者が従業員に支払う予定の退職金
S	連帯債務	連帯保証した債務

V-6-3 ■ 入手した各種情報の整理

　あなたが1,000ドルの外貨預金を持っていたとします。バランスシートはす
べて円貨で作成する関係で為替レートの情報を入手する必要があります。紙で
入手する場合もありますし，インターネットから入手して，それを紙に出力す

る場合もあります。情報を紙で保存する場合，どこから入手したかを余白に記載しておきましょう。そのようにしておけば，翌年も迷わずにそのサイトから情報を収集することができます。

図表PARTⅤ－6－3　入手した書類に残しておく追加情報

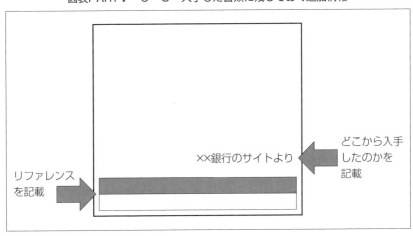

リファレンスを記載

どこから入手したのかを記載

××銀行のサイトより

あなたは，現在の定時型バランスシート作成を，マンション購入後5年経過した2025年12月31日に思い立ったとします。

その際にリファレンスを付しておくと情報整理に有効です。このうちリファレンスのパートには次のような追加情報を記入してください。

図表PARTⅤ－6－4　リファレンスのパートに記載しておく追加情報

区分	年度	内容	入手日・作成日	リファレンス
現金及び預金	2025年12月31日	為替相場情報	2026年1月5日	C4

今年バランスシートを作成する際には，前年のリファレンスの情報を見ながら，同じ情報源から情報を収集すると，前年と同じ水準のバランスシートを作成することができます。

これまでの説明は，紙で保存するのを前提としています。電子データで保存

する場合も，考え方は同じです。ファイルを保存する場合のファイル名は，例えば「Ｃ４為替相場情報」としておけば良いでしょう。

V-6-4 表集計ソフトの利用

　ＣセクションからＳセクションの中は，数量情報と時価情報に分けられ，それが各セクションの棚卸表に総括されます。各棚卸表で「数量×時価」といったような財産計算を行います。各セクションの棚卸表の情報は，Ｂセクションのワークシートに転記するようにします。最終的にはそのワークシートをもとにバランスシートが完成します。

図表PARTⅤ－6－5　各セクションの情報からバランスシートまでの計算フロー

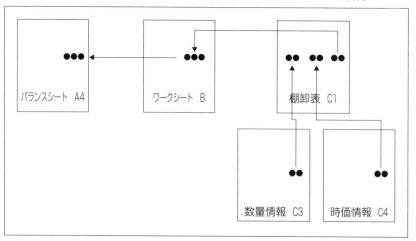

（注）　リファレンス「C2」には現金及び預金に関する基本情報が記載される。

不動産情報，保険商品情報，金融商品情報の棚卸

V-7-1 情報整理としての棚卸

　何度も書いていますが，バランスシート作成のための棚卸は**情報整理**のことです。情報を整理整頓していると，バランスシート以外にも活用ができます。不動産を売却することになった場合，いつ，いくらで誰から購入し，何という不動産会社に仲介手数料をいくら支払ったか，情報を整理していれば，将来その不動産を売却する際の税務申告でもスムーズに作業を進めることができます。

　生命保険会社から新しい保険商品の勧誘があった場合，今の保険契約の内容を整理していれば，両方の保険商品を比較することができます。金融商品の勧誘があった時も同様です。

　不動産の場合，棚卸の結果は，Kセクションにファイルします。このセクションに含まれる基本情報として，次の書類を一緒にファイルしておきます。

Kセクションにファイルする不動産の基本情報

① 購入時の売買契約書

② 不動産購入のために支払った手付金，中間金，残金の領収書

③ 購入時に支払った仲介手数料の領収書

④ 購入時に支払ったその他手数料の領収書

⑤ 紹介した不動産会社名，住所，電話番号，担当者の氏名

⑥ 購入に至るまでのやり取り

⑦ 登記簿謄本

⑧ 物件の住所や地番

⑨ 最寄駅からの地図

不動産に関連して，借入金の棚卸の結果は，Qセクションにファイルします。
そのセクションに含まれる基本情報として，次の書類を一緒にファイルしてお
きましょう。

Qセクションにファイルする借入金の基本情報

① 金銭消費貸借契約書

② 返済予定表

③ 借入金計算書

④ 融資に至るまでの金融機関とのやり取り

保険商品の場合，棚卸の結果はMセクションにファイルします。このセクショ
ンに含まれる基本情報として，次の書類を一緒にファイルしておきましょう。

Mセクションにファイルする保険商品の基本情報

① 保険商品のカタログ

② 契約保険設計書

③ 契約時の告知書

④ 契約申込書

⑤ 保障内容のお知らせ

⑥ 生命保険証券

⑦ 契約に至るまでの保険代理店とのやり取り

金融商品の場合，棚卸の結果はCセクションにファイルします。このセクショ
ンに含まれる基本情報として，次の書類を一緒にファイルしておきましょう。

Cセクションにファイルする金融商品の基本情報

① 通帳見開きの銀行名，支店名，口座番号等が記載された箇所のコピー

② 金融商品概要説明書

③ 契約締結前交付書面

④ 外貨預金の場合，注意事項説明書

V−7−2 | 不動産情報の棚卸

　基本情報の整理が終わったら，数量情報と時価情報の収集に入ります。今住んでいる分譲マンションは，去年の決算日以降1年間で特に改修もありませんでしたし，土地の区分所有にも変化はなかったとします。

　購入するために住宅ローンを組んでいます。住宅ローンは，バランスシートの債務に該当します。債務についてはあとで述べることにします。

　あなたには毎年市区町村から，住んでいるマンションの固定資産税決定通知書が送られてきます。その中に，固定資産評価額が記載されています。土地の場合それを0.7で除した金額を100㎡で割ると1㎡当たりの公示価格相当の金額を計算することができます。近隣の10件から採った情報と「固定資産評価額÷0.7÷100㎡」の情報を平均して，土地の時価とすることにしましょう。

　建物についても，土地と同じように固定資産税決定通知書が送られてきますので，その中に記載されている固定資産評価額をもって時価としましょう。できあがったのが棚卸表Kです。

図表PART V−7−1　不動産の棚卸

棚卸表K				
財産の種類	地番（及び家屋番号）	面積	1㎡当たり評価額	金額
土地	東京都中野区××	30	350,000	10,500,000
建物	東京都中野区××	250	15,000,000	15,000,000
			総計	25,500,000

　5年前に今住んでいる自宅の土地と建物を計3,000万円で購入しました。その際に返済予定表を入手しました。返済はこの予定表に従って5年間順調に行われました。棚卸に当たっては，この返済予定表から決算日現在の借入金残高を情報として入手しました。できあがったのが棚卸表Qです。

図表PART Ⅴ-7-2 借入金の棚卸

棚卸表Q			
債務の種類	銀行名	支店名	金額
借入金	A銀行	甲支店	25,714,286

Ⅴ-7-3 保険商品情報の棚卸

　生命保険には4本加入しているとします。そのうち1本は掛け捨てです。解約返戻金もあるのですが，少額なのでバランスシートには載せないことにします。残り3本の保険契約については，契約を結ぶ際に保険設計書をもらっています。ここから決算日現在の解約返戻金の情報を入手したとします。

　生命保険に関しては，財産としての価値だけではなく，債務の面も把握しておく必要があります。財産と債務には「表と裏」といった関係がないか，気づかない債務がないかも調べておく必要があります。

　月々の保険料の払い込みが滞った場合，債務として充当・累積されているかもしれません。その場合，保険設計書の解約返戻金とともに債務についても棚卸しておく必要があります。今回の棚卸ではそのような債務はなかったとします。できあがったのが棚卸表Mです。

図表PART Ⅴ-7-3 生命保険契約の棚卸

棚卸表M				
財産の種類	保険会社	支店名	生命保険証憑番号	解約返戻金相当額
生命保険契約A	C保険	丙支店	×××	425,600
生命保険契約B	C保険	丙支店	×××	1,255,000
生命保険契約C	D保険	丁支店	×××	1,501,000
			総計	3,181,600

Ⅴ-7-4 金融商品情報の棚卸

　現金や預金の棚卸をしましょう。財布の中にも現金があるのですが，紙幣や

硬貨を数えても1万円にも満たないので，今回財布の中の現金はバランスシートには載せないことにしましょう。もちろん，載せたほうがより正確なバランスシートが出来上がります。

　預金に関しては，銀行から残高証明書を入手する方法もありますが，12月29日の金曜日に通帳に印字してきたので，それを見ながら12月31日の預金残高を記録することにします。ドル建ての普通預金とユーロ建ての普通預金を持っていますので，インターネットから12月31日の米ドルとユーロの外国為替相場の情報を入手することにします。銀行のサイトを見ると，TTB（銀行の電信為替買相場），TTS（銀行の電信為替売相場），TTM（銀行の電信為替中値相場）の相場が公表されています。今回はA銀行のサイトからTTMの情報を入手することにします。

　5年前にマンションを購入したのですが，その後，親が亡くなり，遺産として定期預金計300万円を受取りました。これは，自分自身で稼いだものではありませんが，あなたの財産を形成するものですので，棚卸の対象になります。できあがったのが棚卸表Cです。

図表PARTⅤ－7－4　現金及び預金の棚卸

棚卸表C				
財産の種類	銀行名	支店名	口座番号	金額
普通預金	A銀行	甲支店	1134284	1,392
普通預金	A銀行	甲支店	1134291	1,862,000
普通預金	B銀行	乙支店	3248512	480,382
定期預金	A銀行	甲支店	1135248	1,000,000
定期預金	A銀行	甲支店	1135250	1,000,000
定期預金	B銀行	乙支店	3482624	1,000,000
			小計	5,343,774

財産の種類	銀行名	支店名	口座番号	外貨	為替レート	金額
外貨普通預金（ドル）	B銀行	乙支店	3248124	1,250	109.45	136,812
外貨普通預金（ユーロ）	A銀行	甲支店	1248415	4,280	121.57	520,319
					小計	657,131
					総計	6,000,905

PART V-8　定時型バランスシートの作成

V-8-1　バランスシート作成までの流れ

　本書では，不動産，保険商品である生命保険契約，金融商品である現金及び
預金に限定していますが，財産も債務も様々です。それぞれの棚卸表から直接
バランスシートを作成することもできますが，本書では，いったんワークシー
トに棚卸表の結果を集め，そこからバランスシートを作成することにします。

図表PART V-8-1　バランスシート作成までの流れ

数量情報　時価情報	数量情報　時価情報	数量情報　時価情報
不動産の棚卸票 K	生命保険契約の棚卸票 Q	現金及び預金の棚卸票 C

数量情報　時価情報
借入金の棚卸票 Q

ワークシート

バランスシート

V-8-2　ワークシートの作成

　棚卸表は財産や債務の種類ごとに作成されます。棚卸の結果はワークシート
に転記します。ワークシートの様式は自由ですが，去年と比較する形式で作成

するのが効果的です。敢えてワークシートを介することで，あなたの「気づき」を発揮することができます。本書では，2025年に初めてバランスシートを作成したのですが，2024年の情報も同時に入手できたとしましょう。できあがったのが次のワークシートです。

図表PARTⅤ－8－2　ワークシート

ワークシート						
財産の種類				2024年12月31日	2025年12月31日	増減
普通預金	A銀行	甲支店	1134284	1,249	1,392	143
普通預金	A銀行	甲支店	1134291	1,567,210	1,862,000	294,790
普通預金	B銀行	乙支店	3248512	145,841	480,382	334,541
定期預金	A銀行	甲支店	1135248	1,000,000	1,000,000	0
定期預金	A銀行	甲支店	1135250	1,000,000	1,000,000	0
定期預金	B銀行	乙支店	3482624	1,000,000	1,000,000	0
外貨普通預金（ドル）	B銀行	乙支店	3248124	100,210	136,812	36,602
外貨普通預金（ユーロ）	A銀行	甲支店	1248415	416,800	520,319	103,519
土地				10,000,000	10,500,000	500,000
建物				15,300,000	15,000,000	△ 300,000
生命保険契約A				185,600	425,600	240,000
生命保険契約B				1,075,000	1,255,000	180,000
生命保険契約C				1,450,000	1,501,000	51,000
財産合計				33,241,910	34,682,505	1,440,595
債務の種類				2024年12月31日	2025年12月31日	増減
借入金	A銀行	甲支店	0	26,571,429	25,714,286	△ 857,143
債務合計				26,571,429	25,714,286	△ 857,143
				2024年12月31日	2025年12月31日	増減
正味財産				6,670,481	8,968,219	2,297,738

　このワークシートから，去年の決算日から1年が経過して，財産は144万円増加したことがわかります。一方，債務は85万円減少しました。正味財産は「財産－債務」です。従って，ワークシートから「144万円－（－85万円）」，つまり，「144万円＋85万円」で，正味財産は229万円増加したことがわかります。

　正味財産が去年の決算日と比較して229万円増加したのは，土地の時価が増加したのも一因だったことがわかります。この場合疑問を持ってください。ニュースやネット情報で「地価上昇」の様相が報道されているのであれば，分譲マンションの区分所有土地の時価が上がったと考えることができ，あなたの

実感と計算した時価が一致していることになります。そうでないようであれば，不動産の棚卸作業に疑問を持つ必要があります。

　また，預金の項目に金額を入れてみますと，「意外と増えていないな」と気づくかもしれません。「借入金の返済をしているのだから仕方がない」と思うか，「１年間で無駄遣いが多かった」と考えるか，ワークシートはそういったことに気づかせてくれます。あなたが，「１年間で無駄遣いが多かった。来年はもう少し貯蓄しよう」と思い立ったら，前に書いた家計収支表の分析と対策Ｖ－４－４を活用してください

Ｖ－８－３ 現在・定時型バランスシートの作成

　バランスシートの様式は自由です。現金及び預金は，邦貨預金と外貨預金に分けずに１行で表しても構いません。不動産も土地と建物に分ける必要はありません。ただ，財産の種類によって，数量と時価の変動は異なります。土地については地価の動向を把握しておきたい，建物については年々劣化している状況を把握しておきたいということであれば，不動産は土地と建物の２行で表すのが良いかもしれません。邦貨預金と外貨預金の場合も同じです。

　生命保険契約によっては，払込総額の７割まで融資を受けることができるものもあります。その場合，解約返戻金から借入金残高を差し引いた純額をバランスシートに載せるのではなく，解約返戻金は財産の部に，生命保険会社からの借入金は債務の部に載せるのがよいでしょう。

　普通預金の場合も，一定の限度額まで借越が可能です。借越している場合，通帳にはマイナス表記されています。一般的に普通預金は財産に属するのですが，通帳残高がマイナス表記されている場合は，もはやそれは財産ではなく債務です。バランスシートにも，財産の部にマイナス計上するのではなく，債務の部に借入金として載せることになります。

　図表ＰＡＲＴＶ－８－３のバランスシートは単年度の残高だけを表記していますが，去年と今年を併記するような様式も有用でしょう。

図表PARTⅤ-8-3　現在・定時型バランスシート

バランスシート			
2025年12月31日現在			
			（単位：円）
Ⅰ　財産の部		Ⅱ　債務の部	
1　現金及び預金	6,000,905	1　借入金	25,714,286
邦貨預金	5,343,774	債務合計	25,714,286
外貨預金	657,131		
2　不動産	25,500,000		
土地	10,500,000		
建物	15,000,000		
3　生命保険契約	3,181,600	Ⅲ　正味財産	8,968,219
財産合計	34,682,505	債務及び正味財産合計	34,682,505

Ⅴ-8-4 ｜ 現在・定時型バランスシートの分析

　現在・定時型バランスシートの作成過程でワークシートを作り，使っている時価に違和感がないか，また，計算に間違いがないか確認ができたら，完成した現在・定時型バランスシートを観察することにしましょう。完成したら，それでおしまいではありません。将来に向かって正味財産の維持，増加の対策を講ずることになります。

現在・定時型バランスシート分析の着眼点

① 過去の現在・定時型バランスシートと比較して，正味財産は増加傾向にあるか。

② 個々の財産は，増加しているか。

③ 債務は順調に減少しているか。

④ 現金及び預金のように資金化しやすい財産と不動産のように資金化するのに時間を要する財産のバランスは良いか。

⑤ 不動産の価値と不動産を購入するための借入金のバランスは良いか（借入金の残高が不動産の時価を大きく上回っていないか）。

　現在・定時型バランスシートは確かに過去の結果ですが，それを足場にして，次のアクションを起こしましょう。そのために作られるのが現在・判断型バランスシートや将来・判断型バランスシートです。

PART V–9　判断型バランスシートの作成

V–9–1　判断型バランスシートの作成動機

　人生の節目で重大な判断を迫られることがあるかもしれません。その時に役に立つのが**判断型バランスシート**です。判断は，財産や債務の劇的な変化を伴います。判断の際に忘れてはならないのは正味財産を減らさないということです。また，判断によって様々な税金が発生することに留意してください。

判断型バランスシート作成の動機例

① 　親が1,000万円贈ってくれるという。それを定期預金に預けたいと思っている。その場合，正味財産はどのように変化するのか。

② 　生命保険契約を途中解約したら，正味財産はどのように変化するのか。

③ 　もし今持っている分譲マンションを売ったら，正味財産はどのように変化するのか。

④ 　不動産会社から電話で勧誘を受けたので，定期預金を解約してワンルームマンションを一室購入しようと思う。今の家にはこれまで通り住み続けることにしたい。ワンルームマンションは人に貸して，家賃収入を得ようと思うが，そのときに正味財産はどのように変化するのか。

⑤ 　別な銀行から勧誘があり，今の借入金をその銀行に代えたいと思う。勧誘した銀行の担当者によると，それによって金利も安くなり，返済期間も長くなることで，毎月の返済額も減って楽になるとのこと。果たしてその通りになるのか，バランスシートで確認したい。

　以下では，「もし今持っている分譲マンションを売ったら，正味財産はどのように変化するのか」について検討をしてみましょう。分譲マンションを購入

して5年後に今回の現在・定時型バランスシートを作成しました。

　それから10年経って，つまり分譲マンションを購入してから15年後に現在・定時型バランスシートを作成しました。その際に，もしこれを売却した場合のバランスシートを作成しようと思い立ったとします。このバランスシートは，現在・判断型バランスシートです。

V-9-2　前提や仮定の設定

図表PART V-9-1　将来・判断型バランスシート作成の流れ

　この中で不動産購入時の情報は，不動産関連の基本情報から入手することができます。

現在・判断型バランスシート作成に必要が情報

```
①  土地・建物の購入年月日

②  土地の購入価格

③  建物の購入価格

④  建物の構造（木造か，木骨モルタルか，鉄筋コンクリートか，金属造か）

⑤  不動産会社に支払った仲介手数料

⑥  その他土地・建物を購入するために支払った額（測量費他）

⑦  購入に付随して，借入金の額と条件（返済期間と金利）
```

当時分譲マンションを3,000万円で購入しました。購入するときに支払った仲介手数料は90万円だったとします。

不動産売却を予想する場合の留意点

```
①  地価相場に関して確実な情報を採用する。

②  既に現在・定時型バランスシートを作成しています。その際に採用した時価があるが，現在・判断型バランスシートでは，その時価よりも10%〜50%減額して考える。

③  この10%〜50%という減額は，売るという判断が全くの仮想なのか，実際に急いで売る必要があるのかによって異なる。あなたが早急に売りたいのであれば50%減額して考える。

④  あなたは高く売りたい立場なので，現在・判断型バランスシート作成の際に，「高く売れるに違いない」という主観が働く。この主観を冷めさせるために，減額の割合は意識して高めにするのが好ましい。

⑤  不動産売却価格の予想が難しいようであれば，無理に一つの予想値を使うのではなく，複数の売却シナリオを使って複数の現在・判断型バランスシートを作成する。
```

ここでは，土地が1,200万円，建物が800万円の計2,000万円が売値であると予想したとします。

建物の減価を計算するのに必要な情報

① 建物の購入価格
② 経過年数
③ 建物の構造
④ 減価の推定
⑤ 所得税法での推定は、「建物の購入価格×0.9×償却率0.015×経過年数」、なお、木造の建物の償却率は0.031

　不動産の購入価格は3,000万円で、そのうち建物部分は2,000万円だったとします。建物の経過年数は15年です。マンションとはいえ、建物は時間とともに劣化します。それを推定する必要があります。ここでは、所得税法に基づいて推定します。建物の減価は所得税の検討に重要な情報となります。

　減価は、2,000万円×0.9×0.015×15年と計算して、405万円となります。つまり、建物の価値は1,595万円（2,000万円－405万円）ということになります。

V-9-3 租税債務（所得税等）の検討

不動産を売った場合の長期譲渡所得に対する所得税等の検討

① 「土地・建物の譲渡価格」、「土地・建物の取得費」、「その他」、「特別控除」で判断する。
② 「土地・建物の取得費」のうち建物の取得費は、購入した額から減価分を控除した残余である。
③ 「その他」には、購入に際して支払った手数料等が含まれる。「特別控除」には、マイホームを売った場合の3,000万円の特別控除などの特例があります。
④ 「土地・建物の譲渡価格」＞「土地・建物の取得費」＋「その他」の時に、これらの差額である譲渡所得に対して所得税等（国税である所得

税と復興特別所得税，さらに地方税である住民税）がかかる。

⑤　税率は，所得税が15%，復興特別所得税が所得税率の2.1%，住民税が5%の計20.315%（15%＋15%×0.021＋5%）である。

　ここで試算すると，「土地・建物の譲渡価格」は2,000万円と予想しています。「土地・建物の取得費」は，土地が1,000万円，建物が1,595万円の計2,595万円です。「その他」は，150万円です（不動産を購入した際に90万円を支払いました。また，その不動産を売った場合60万円の手数料を支払うことになります）。つまり，「2,000万円＜2,595万円＋90万円＋60万円」となりますので，今回の判断型バランスシートでは所得税等の租税債務はないと推定できます。

V-9-4 | 現在・判断型バランスシートの作成

　分譲マンションを購入して15年目に現在・判断型バランスシートを作成します。その際に土地・建物を売ったと想定していますので，財産の不動産区分の金額はゼロになります。2,000万円で外部に売っているので，買った人から将来代金をもらうことになります。そのため，未収入金が計上されています。分譲マンションを購入して5年目に第一回の現在・判断型バランスシートを作成しました。それから10年が経過していますので，現金及び預金区分も生命保険契約区分も順調に増えています。一方借入金区分は，返済を重ねることで順調に残高が減少しています。

　これで第一段階の現在・判断型バランスシートができあがります。

図表PARTⅤ－9－2　現在・判断型バランスシート（第一段階）

バランスシート	
2035年12月31日現在	
	（単位：円）

Ⅰ　財産の部		Ⅱ　債務の部	
1　現金, 預金及び未収入金	31,500,905	1　未払金	1,500,000
邦貨預金	10,343,774	2　借入金	17,142,857
外貨預金	1,157,131	債務合計	18,642,857
未収入金	20,000,000		
2　不動産	0		
土地	0		
建物	0		
3　生命保険契約	5,181,600	Ⅲ　正味財産	18,039,648
財産合計	36,682,505	債務及び正味財産合計	36,682,505

　その後代金が入ってきたら，それで借入金を全て返済することになるでしょう。これでバランスシートはすっきりします。

バランスシート			
2035年12月31日現在			
			（単位：円）
I　財産の部		II　債務の部	
1　現金, 預金及び未収入金	12,858,048	1　未払金	0
邦貨預金	11,700,917	2　借入金	0
外貨預金	1,157,131	債務合計	0
未収入金	0		
2　不動産	0		
土地	0		
建物	0		
3　生命保険契約	5,181,600	III　正味財産	18,039,648
財産合計	18,039,648	債務及び正味財産合計	18,039,648

　15年前に3,000万円で買った不動産を15年後に2,000万円で売るわけですから，差額の1,000万円もの損をするように感じるでしょう。それだけ正味財産が大きく毀損すると思うかもしれません。仮想の中で売ってみて，思ったほどの毀損がなかったことが判明したら，安心して次のアクションを起こすことができるでしょう。

　どのような状況でもこのような結果になるとは限りません。頭の中で描いた予想では正味財産が増えるはずと思っても，数値化を試みて判断型バランスシートを作ってみると，意外と正味財産を増やす効果がないこともあるでしょう。判断型バランスシートで良い結果が出たとしても，5年後，10年後の判断型バランスシートを作ってみると，逆に長期的には正味財産を毀損している場合もあるかもしれませんので慎重な観察が必要になります。

PART V–10 終活型バランスシートの作成

V–10–1 終活型バランスシートの作成動機

　みなさんはまだ若く，特に金銭面で死というものを意識することはないでしょう。もう少し年を重ね，あるいは，大病と向き合ったときに終活を意識するかもしれません。その時に作るのが**終活型バランスシート**です。判断型バランスシートでは所得税や贈与税について留意するのですが，終活型バランスシートではさらに相続税を考慮することになります。そのため，棚卸の精度を格段に上げていくことになります。

終活型バランスシート作成の動機例

> ①　あなたがもし今亡くなっても，財産や債務を整理する世話人や相続人に迷惑がかかることがないように，普段からどのようにこれらを整理しておくのが良いのか。
> ②　あなたがもし今亡くなったらどれだけの財産や債務が残るのか。その際にどれだけの相続税がかかるのか。それを支払うためにはどのような財務構成が良いのか。
> ③　長期に寝たきりになった時や，その後亡くなった時に，どのようにすれば世話人や相続人に経済的な負担がかからないようにできるか。
> ④　これまでの親族との付き合いから，どのように遺産を分割すれば死後の親族間のトラブルを回避できるのか。
> ⑤　相続税だけではなく，亡くなった後の葬儀，火葬，墓石の準備などでどれだけの資金が必要で，そのためにはどのような財務構成が良いのか。

　あなたが亡くなったあと，財産はどのようになるのでしょうか。大きな流れ

は次のようになります。

図表PARTⅤ−10−1　亡くなった後相続人等による遺産の分割と相続税申告・納税までの流れ

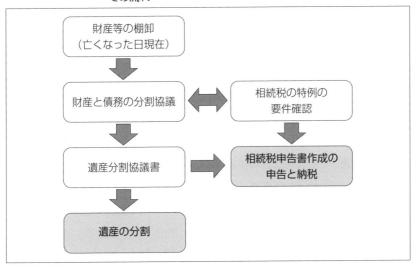

　亡くなった日があなたの「人生の総決算の日」となります。どなたかがその日現在の財産・債務の棚卸をします。ここで行う棚卸は，遺産の分割のためや，さらに相続税の申告をするための様々な情報を整理することです。

亡くなった後相続人等による財産等の棚卸

① 　あなたの財産を漏れなく収集する。

② 　あなたの債務を漏れなく収集する。

③ 　被相続人であるあなたや相続人に関する個人情報を収集する。

④ 　財産や債務に関する情報，被相続人や相続人に関する情報だけではなく，遺産分割協議書や相続税申告書作成のために必要な基本情報を収集する。

⑤ 　相続税法の特例の中から該当するものを収集する。その要件を満たすことを明らかにするための情報を収集する。

あなたが亡くなった後の流れがわかれば，終活型バランスシートを作るため準備に入ることにしましょう。あなたは今健在です。健在なうちに棚卸をして終活型バランスシートを作っておけば，世話人や相続人は様々な仕事をスムーズに進めることができます。

終活型バランスシートでは，次の点に注意が必要です。

現在・終活型バランスシート作成のための棚卸

① あなたが亡くなった後に財産や債務を整理しやすいように配慮する。

② 相続を前提とする情報整理を行う。

③ 財産の数量を漏れなく収集する。

④ 財産の時価情報を財産評価基本通達に基づいて計算する。

⑤ 相続税の対象となる債務についても漏れなく収集する。

⑥ 租税債務である相続税を試算する。

⑦ 相続税の納税ができるよう，現金及び預金の用意も配慮する。

⑧ 相続税の対象とはならない債務についても見積もる。

⑨ あなたの世話人（生前にあなたの身の回りの世話をお願いする人）や相続人を決めておく。

⑩ 定時型や判断型のバランスシートよりも計算の厳格性を高める。

V−10−2　作成している数量情報・時価情報と棚卸表の改訂

定時型バランスシートと終活型バランスシートでは，特に時価情報の情報源が大きく異なります。終活型の時価情報は相続税財産評価基本通達に基づいて厳格に収集する必要があります。そのための作成要領がわかるように，不動産の棚卸表，生命保険契約の棚卸表，現金及び預金の棚卸表を作ってみたのですが，相当なページ数になってしまいました。それを大幅に割愛して解説しますのでお許しください。

現金及び預金で定時型バランスシートと異なる点は，終活型バランスシートは相続を前提としますので，たとえ少額でもすべての財産をバランスシートに載せることになります。ほとんど利用したことのない銀行口座があった場合も同様です。また，相続税財産評価基本通達ではドルやユーロの預金を円に換算する場合，取引銀行のTTBを原則として採用することになります。このように，相続税の申告を想定した場合，どの財産はどのように評価するかが，相続税財産評価基本通達に詳細に記載されています。

土地の時価評価に関しても，相続税財産評価基本通達に基づくことになります。

定時型バランスシートではあまり意識しないのが家財です。これについても一式として棚卸表を作成しておきましょう。

保険商品保険契約の場合，契約を結んだときにもらっている保険設計書を利用するのが効率的ですが，終活型バランスシートを作る場合には，解約返戻金の額を保険代理店から文書でもらっておくのが良いでしょう。

その他の債務としては相続税の計算で相続財産から控除できる債務とそうでない債務に分かれます。通夜，告別式，火葬，納骨，寺へのお布施や戒名代は相続財産から控除できる債務です。墓地，位牌，初七日，四十九日にかかった支出は相続財産から控除はできません。いずれも終活型バランスシートに載せておくべき債務ではありますが，相続税の計算の対象となるものとならないものは区別して棚卸表に記載するのが良いでしょう。

借入金の残高は，銀行から入手した返済予定表があれば棚卸表の作成は簡単です。預金と同様，終活型バランスシートを作る場合には，銀行から残高証明書を入手しておくのが良いでしょう。

V-10-3 租税債務（相続税）の検討

分譲マンションを購入して15年目に現在・判断型バランスシートを作成しました。同じ時期に仮に現在・終活型バランスシートを作成したとします。判断

型バランスシートの時価は自由に決めても結構ですが，終活型バランスシート
は，厳格さが求められます。そのため，同じ時点でバランスシートを作っても，
目的が違えば異なった正味財産になります。

　そして，終活型バランスシートでは相続税の試算から始まります。

図表PART V－10－2　相続税の試算

相続税の計算		
1	土地	8,400,000
2	家屋	7,500,000
3	現金預貯金等	11,500,905
4	家庭用財産一式	1,000,000
5	生命保険	5,181,600
	遺産総額	33,582,505
6	借入金	17,142,857
7	葬式費用（通夜・告別式）	5,000,000
	債務及び葬式費用合計	22,142,857
	課税価格	11,439,648
	基礎控除額　（例えば法定相続人が2人の場合，3000万円＋600万円×法定相続人2人）	42,000,000
	課税遺産総額	0
	相続税試算額	0

　相続税は終活型バランスシートを作る上で重要な租税債務です。今回の場合，
相続税は生じませんでした。今後課税価格は変わってきます。借入金は返済で
順調に減ります。土地の時価は場所によっては上がっていきます。現金及び預
金も生命保険契約も順調に増えてゆくでしょう。普段から正味財産の維持，増
加に努めれば，財産が債務を上回る日が来るでしょう。その時になって慌てな
いよう，終活型バランスシートを作る際に，課税価格の変化を観察することを
お勧めします。

V-10-4 | 終活型バランスシートの作成

　終活型バランスシートの財産は，財産評価基本通達に基づいて計算した金額です。相続税を試算したところ税額が出ないため，債務である租税公課はゼロでした。相続税計算の対象となる葬式費用500万円に，その対象とならない初七日や墓地購入代金の見積額を加えたのが未払金の750万円です。

図表PART V-10-3　終活型バランスシート

バランスシート			
2035年12月31日現在			
			（単位：円）
Ⅰ　財産の部		Ⅱ　債務の部	
1　現金及び預金	11,500,905	1　租税債務	0
邦貨預金	10,343,774	2　未払金	7,500,000
外貨預金	1,157,131	3　借入金	17,142,857
2　不動産その他	16,900,000	債務合計	24,642,857
土地	8,400,000		
建物	7,500,000		
家庭用財産一式	1,000,000		
3　生命保険契約	5,181,600	Ⅲ　正味財産	8,939,648
財産合計	33,582,505	債務及び正味財産合計	33,582,505

　完成した終活型バランスシートを観察する際には，次の視点から検討してみましょう。

終活型バランスシートの検討

① 租税債務や未払金を支払えるだけ財産があるか。その財産は現金化しやすいか。

② 相続人に相続される債務があるか。その債務は，財産を処分することで相続人が返済可能か。

③ 利用していない銀行口座など，今から整理しておく財産はないか。

④ もし，身の回りのことを自分だけではできなくなった場合に，それを世話人にお願いするのに経済的な負担がかからないように，今後財産をどのように整理すれば良いのか。

⑤ 相続税の作業を進めやすくするために，基本情報を含む棚卸の書類やデータの場所を，相続人や世話人に知らせているか。

あ と が き

　家庭に管理会計的思考を応用しようとするのが本書の試みでした。コロナ禍で，税務経理協会の会議室をお借りして，執筆者全員が集まり，構想を練り，構成を考え，PART間の連携で何度も協議を重ねてきました。

　職に就いてからの私自身の人生を振り返ってみると，20代で勧誘されるがまま生命保険に加入し，30代で独立開業のための資金を貯め，独立後はその貯金を減らし，その後徐々に貯金が増え，そんな中で無謀にも不動産の購入を決意。40代，50代は仕事と子供の教育・進学でいつの間にか歳月が経ち，今は老後資金のことを考えるところにきています。

　それまでの人生は必ずしも無計画なものではなかったと思いたいのですが，20代のころから，正月になると85歳になるまでの行動計画を立案・修正して日々を送っている知人に比べれば，遠く及ぶものではありません。本書を執筆しながら感じたのは，そこまでのち密さはなくても，人生の過去と将来をおカネで数値化しておけばよかったという後悔でした。

　おカネによる人生の数値化は，人間味がなく冷徹で淡白な感じがします。しかし一方で，大量の不必要な情報や将来について抱いている不安や不満を削ぎ落してくれます。そして，将来への道筋を示してくれます。本書のどのPARTでも結構です。一つでもこれからの人生に役立てて頂ければ幸いです。

　自分よりも10年，20年先を歩いている先輩方の，「ああしておけばよかった」，「こうしておいてよかった」という言葉を脳裏に留めておくことが肝要です。10年，20年したら自分も同じ気持ちを抱くのであれば，今のうちに対処しておくのが賢明でしょう。その点で先輩方の言葉は人生の生きた教材です。この生きた教材と本書がうまく融合して，読者の皆様の生活に生かされることを執筆者一同願っております。

　令和2年12月

　　　　　　　　　　　　　　　　　　　　　　　　　　　坂上　信一郎

参 考 文 献

International Accounting Standards Boards (FASB) 〔2001〕 Special Report：Business and Financial Reporting, Challenges from the New Economy, *by Upton, W. S.*

International Federation of Accountants (IFAC) 〔1988〕 The Measurement and *Management of Intellectual Capital : An Introduction*, The International Federation of Accountants.

King, A. M. and J. M. Henry 〔1999〕 "Valuing Intangible：Assets through Appraisals," *Strategic Finance*, Nov., 1999, pp. 32 – 37.

Mac Crimmon, K. R. and D. A. Wehrung 〔1988〕 *Taking Risk, The Management of Uncertainty*, The Free Press.

西澤脩 〔1972年〕『管理会計基準』, 同文舘出版

山口年一 〔1973年〕『特殊原価調査』, 日本経営出版

伊丹敬之 〔1984年〕『新・経営戦略の論理』, 日本経済新聞社

高梨智弘・吉田博文（翻訳）〔1990年〕『企業戦略マニュアル―戦略優位の実行システム』クノピュンピン, ダイヤモンド社

日本会計研究学会特別委員会 〔1997年〕『市場・製品・顧客と管理会計の新しいパラダイム』

日本管理会計学会編 〔2000年〕『管理会計学大辞典』, 中央経済社

大塚宗春 〔2001年〕『意思決定会計講義ノート』, 税務経理協会

加護野忠雄編 〔2003年〕『企業の戦略』, 八千代出版

西澤脩 〔2005年〕『企業価値の会計と管理』, 白桃書房

吉田博文・中村雅一・坂上信一郎 〔2006年〕『戦略・医業経営の21章』, 医学通信社

吉田博文・坂上信一郎・中尾宏・藤原誉康 〔2006年〕『知的資産経営―戦略・情報・侵害・評価・税務』, 同文舘出版

泉正人 〔2008年〕『お金の教養』, 大和書房

三田村京 〔2010年〕『生命保険で損をしたくないならこの1冊』, 自由国民社

大竹のり子 〔2016年〕『老後に破産しないお金の話』, 成美文庫

阿部絢子 〔2018年〕『老いのシンプル節約生活』, たいわ文庫

独立行政法人労働政策研究・研修機構 〔2019年〕『ユースフル労働統計2019』

横山光昭 〔2019年〕『老後までに2000万円ってほんとうに貯められますか？』, （株）KADOKAWA

索　引

著者紹介

吉田　博文（よしだ　ひろふみ）
公認会計士・税理士。
早稲田大学大学院経済学研究科修了。
公認会計士吉田博文事務所主宰。

安達　俊夫（あだち　としお）
税理士。
早稲田大学大学院経済学研究科修了。
安達税理士事務所主宰。

坂上　信一郎（さかがみ　しんいちろう）
公認会計士・税理士。
早稲田大学大学院商学研究科修了。
公認会計士坂上信一郎事務所（エスエス会計）主宰。

青山　伸一（あおやま　しんいち）
公認会計士。
早稲田大学大学院商学研究科修了。
青山公認会計士事務所主宰。

大石　和礼（おおいし　かずひろ）
税理士。
早稲田大学大学院商学研究科修了。
大石税務会計事務所主宰。

編著者との契約により検印省略

令和3年3月15日　初版第1刷発行　　**おひとりさまのお金の話**
賢く生きる教科書

編著者	吉　田　博　文
発行者	大　坪　克　行
印刷所	有限会社山吹印刷所
製本所	牧製本印刷株式会社

発行所　〒161-0033　東京都新宿区
下落合2丁目5番13号

振　替　00190-2-187408
ＦＡＸ　(03)3565-3391
URL　http://www.zeikei.co.jp/
乱丁・落丁の場合は，お取替えいたします。

株式
会社　**税務経理協会**

電話 (03)3953-3301（編集部）
　　 (03)3953-3325（営業部）

© 吉田博文　2021　　　　　　　　Printed in Japan

ISBN978-4-419-06754-0　C3034